Culture and Anarchy
de Matthew Arnold

Collection CNED-Didier Concours
Capes / Agrégation d'Anglais

Beaumont & Fletcher: *The Knight of the Burning Pestle*
  M. Bitot, M.-D. Garnier, F. Guinle, P. Iselin, J. Ramel, J.-P. Villquin

W. Blake: *Songs of Innocence and Experience, The Marriage of Heaven and Hell, The Book of Urizen*
  F. Piquet

R. Chandler: *The Big Sleep*
  P. Badonnel, C. Maisonnat

W. Collins: *The Moonstone*
  J.-P. Naugrette

W. Faulkner: *Sanctuary*
  A. Bleikasten

The Poems of Gerard Manley Hopkins
  P. Volsik

V. Nabokov: *Lolita*
  M. Couturier

W. Shakespeare: *Twelfth Night*
  P. Iselin

R. B. Sheridan: *The Critic*
  F. Ogée, M.-C. Rouyer

V. Woolf: *The Waves*
  C. Bernard, C. Reynier

M. Arnold: *Culture and Anarchy*
  F. Barret-Ducrocq

La conquête du suffrage universel en Grande-Bretagne de 1832 à 1928
  M. Charlot

L'anticommunisme et la chasse aux sorcières aux Etats-Unis : 1946-1954
  J.-P. Gabilliet, V. Michelot, H. Perrier, M.-J. Rossignol

© Didier Érudition - CNED, 1995
ISBN 2-86460-261-X

Françoise BARRET-DUCROCQ

Culture and Anarchy
de Matthew Arnold

Didier Érudition
CNED, 1995

Du même auteur :

L'Amour sous Victoria, sexualité et classes populaires à Londres au XIXe siècle, Paris, Plon, 1989.
Traduction anglaise : *Love in the Time of Victoria*
– London, Verso, 1991.
– New York, Penguin, 1992.

Pauvreté, charité et morale à Londres au XIXe siècle, une sainte violence, Paris, P.U.F, 1991.

◆ a dirigé la publication de :

Traduire l'Europe, Paris, Payot, 1992.

Intervenir ? Droits de la personne et raisons d'Etat, Paris, Grasset, 1994.

• en collaboration :

Women in Culture and Politics, avec Judith Friedlander *et al.*, Bloomington, Indiana University Press, 1985.

CAPES, mode d'emploi, avec Ivan Deïdda et Claire Bazin, Paris, Ellipses, 1993.

Ecrire la pauvreté. Les enquêtes sociales britanniques aux XIXe et XXe siècles, avec Jacques Carré *et al.*, Paris, l'Harmattan, 1995.

Table des matières

Note à l'attention des candidats à l'agrégation d'anglais 1996

Dans l'optique des épreuves du concours, on a souhaité donner ici un cadre historique et des références utiles à la compréhension de *Culture and Anarchy*.

Il s'agit en effet d'examiner cet ouvrage comme un texte et non comme un simple prétexte à une glose sur l'histoire des idées ou à l'étude littéraire de l'ensemble de l'œuvre de Matthew Arnold.

Un certain nombre d'ouvrages se révèleront d'une aide précieuse : les travaux de Stefan Collini, la remarquable traduction annotée et préfacée par Jean-Louis Chevalier, ceux de François Bédarida et de Roland Marx.

Culture and Anarchy est le produit d'une certaine époque mais c'est aussi un ouvrage qui prétend à une vision universelle. Il convient de le lire et de le relire comme on lirait des documents d'archive, avec générosité, ouverture, en n'hésitant pas à s'amuser avec l'auteur de ses façons de détruire les arguments de ses adversaires.

Il faudra éviter de prononcer des jugements *a posteriori* sur les idées communément admises, sur les thèses défendues même par les meilleurs penseurs du XIXe siècle, et davantage encore de fustiger de façon anachronique telle ou telle attitude, telle ou telle occurrence lexicale historiquement marquée : par exemple, l'emploi fréquent du terme « race anglaise » ou la frayeur qui s'empare de la plupart des intellectuels au moment de l'adoption du *Second Reform Bill*.

Matthew Arnold serait sans doute d'accord avec ces quelques recommandations, lui qui écrivait : « *Now, perfectly to seize another man's meaning, as it stood in his own mind, is not easy; especially when the mind is separated from us by such differences of race, training, time and circumstances* ». (*CA* 143)[1]

---

1. — *Culture and Anarchy* sera désormais abrégé en *CA*. Cf. note 8 p. 26.

Chapitre I
La vie de Matthew Arnold

Matthew Arnold est né le 24 décembre 1822 dans un village de la vallée de la Tamise où son père s'était retiré à sa sortie d'Oxford avant de commencer une brève mais fulgurante carrière d'universitaire et de pédagogue.

Nous ne pouvons pas ne pas parler de cette carrière paternelle — non seulement parce que Matthew Arnold, comme tous les hommes qui ont eu dans la vie publique l'obligation de se « faire un prénom », a longtemps vécu à l'ombre de la réputation du Docteur Thomas Arnold (il écrivait en 1860 : « *I am still far oftener an object of interest as his son than on my own account* »[1]) mais aussi parce que la personnalité de son père et de ceux qui firent à un moment ou à un autre partie de son entourage personnel et professionnel eut sans nul doute une influence déterminante sur les choix faits par Matthew Arnold.

Etre le fils de Thomas Arnold, être sur les bancs de Rugby l'élève du plus célèbre proviseur d'Angleterre, lui succéder à Oxford comme étudiant puis comme professeur, croiser ensuite inévitablement ses traces en tant que polémiste politique et ecclésiastique et en qualité d'inspecteur de Sa Majesté dans les écoles, tous ces traits ont délimité un chemin dans lequel Matthew Arnold a imprimé la marque de sa propre identité, souvent en continuité, parfois en rupture, toujours de façon originale.

Cette originalité avait peut-être sa source dialectique dans le contraste que le temps allait rendre sans cesse plus marqué entre la pensée de son père et celle de son parrain, John Keble. Les deux hommes avaient été des amis intimes à Oxford, en dépit de caractères très différents. Keble se vantait de détester toute idée nouvelle, il s'était forgé un surnom sans

---

1. — *The Letters of Matthew Arnold 1848-1888*, collected and arranged by George W. E. Russel, 2 volumes, London, MacMillan, 1895.

ambiguïté : *Misoneologus* — celui qui hait les idées neuves. Il ressentait douloureusement l'apostasie de l'Eglise anglicane depuis l'avènement de la dynastie de Hanovre et ne voyait dans le libéralisme ecclésiastique, politique, moral et économique que des signes de décadence et de dégénerescence par rapport à un passé dogmatique et idéalisé. Son célèbre sermon de 1853 à Oxford allait réunir autour de lui les fondateurs du mouvement tractarien : E.B. Pusey et John Henry Newman, au sein d'une polémique religieuse enflammée qui devait mener Newman jusqu'à la pourpre cardinalice romaine et représenter, face à l'évangélisme une très forte tentation de division schismatique au sein de l'Eglise d'Angleterre.

L'amitié entre Thomas Arnold et John Keble ne survécut pas à de telles différences devenues de véritables différends religieux et politiques. Thomas Arnold fut sans nul doute l'un des plus rudes adversaires des partisans du Mouvement d'Oxford. Partisan de la *Broad Church*, face aux tractariens de la *High Church* et aux évangélistes de la *Low Church*, Thomas Arnold batailla par la parole et par la plume en faveur d'une église nationale représentant, selon les termes de Stefan Collini, « *a cultural and political as well as religious centre for English life* »[2]. Cette conception d'une église établie incarnant la tradition culturelle nationale devait se retrouver dans les écrits de Matthew Arnold et tout particulièrement dans la Préface écrite en 1869 à *Culture and Anarchy*.

Thomas Arnold détestait les mouvements révolutionnaires, mais sa réflexion sur le rôle de l'église nationale l'amena de plus en plus clairement à se faire l'avocat d'une église sociale, ce qu'il exprime en particulier dans un essai intitulé *The Social Progress of States*. Il fut amené à se pencher sur le rôle de l'Etat à une époque où l'individualisme s'affirmait au nom d'un certain libéralisme. Il s'interrogea sur le décalage dans la société anglaise entre une évolution vers l'égalité des droits civiques et la pérennité des inégalités de la richesse.

—————————

2. — Stefan Collini, *Arnold*, Oxford, Oxford University Press, 1988, p. 18.

On retrouvera ces préoccupations dans l'œuvre politique et sociale de Matthew Arnold et on comprendra mieux la part qu'il attribue à la religion et à la culture dans l'amélioration de la situation sociale. On resterait interloqué par l'importance que Matthew Arnold accorde à la polémique religieuse dans la période de crise aiguë qui frappe l'Angleterre du dernier tiers du dix-neuvième siècle si on ne savait le rôle que Thomas Arnold attribuait au clergé, un rôle dont Lionel Trilling nous dit qu'il était « *practical, not mystical, [...] to enlighten rather than bless* »[3]. Enfin le rôle qu'il attribuait à la raison dans la religion annonçait le côté rationaliste que l'on peut discerner dans la pensée religieuse de Matthew Arnold : « *Faith without reason, is not properly faith, but mere power worship...* »[4].

La carrière de Thomas Arnold fut brillante mais brève. Nommé proviseur de Rugby School en 1828, il devait, selon la prophétie faite par Hawkins, doyen de Oriel College à Oxford « *change the face of education all through the public schools of England* »[5]. Il devint en 1841 Regius Professor d'histoire moderne à Oxford. Il publia deux grands ouvrages d'érudition *Early History of Rome* (1838-1843) et *Study of Modern History* (1842). Une maladie de cœur devait l'emporter subitement en juin 1842 à l'âge de 47 ans.

Matthew fut d'abord élève à Winchester College, l'ancienne école de son père, avant de rejoindre Rugby School en 1837 en *fifth form*. En novembre 1840, il obtint une bourse pour Balliol College à Oxford. Ce ne fut pas un étudiant exemplaire au sens où son père l'eût entendu. Il s'amuse, se comporte en dandy, devient célèbre parmi les autres étudiants pour sa gaîté, sa fantaisie, son indolence et son peu d'assiduité pour la pratique religieuse. Nul n'est surpris de le voir n'obtenir en novembre 1844 qu'une mention passable à son diplôme de *Bachelor of Art*. Il prend temporairement un poste de *classical undermaster* à Rugby pendant qu'il prépare l'examen d'admis-

3. — Lionel Trilling, *Matthew Arnold*, Oxford, Oxford University Press, 1982 [1939], p. 57.
4. — Lionel Trilling, *op. cit.*, p. 57.
5. — Lionel Trilling, *op. cit.*, p. 45.

sion à Oriel College où il est élu *fellow* en mars 1845. Il y restera jusqu'en avril 1847.

Cependant, parallèlement à cette vie d'amusement, Matthew Arnold entreprend la lecture d'auteurs qui auront une forte influence sur sa pensée. Il découvre ainsi Carlyle, Emerson, Goethe et Spinoza. Déjà très francophile il admire George Sand et la vie culturelle parisienne. En 1846 il se rend en France pour la deuxième fois de sa vie et rencontre George Sand à Nohant. Il revient à la fin de l'année et passe plusieurs mois à Paris car il a décidé de ne pas manquer une seule représentation de la tragédienne Rachel. Nous avons le témoignage de son ami le poète Arthur Clough sur ce séjour:

> Matt is full of Parisianism. Theatres in general, and Rachel in special: he enters the room with a chanson of Béranger's on his lips–for the sake of French words almost conscious of tune: his carriage shows him in fancy parading the Rue de Rivoli; and his hair is guiltless of English scissors: he breakfasts at 12, and never dines in Hall, and in the week or 8 days rather (for 2 Sundays must be included) he has been to chapel once.[6]

Il devait rapporter de Paris l'habitude de porter des gilets extraordinaires qui restèrent une caractéristique de son image publique pratiquement toute sa vie. Mais il en rapporta aussi la connaissance des œuvres de Sainte Beuve et d'Etienne Pivert de Sénancour.

A l'issue d'une période de formation pour le moins agitée dont Lionel Trilling a pu écrire

> He had been trained to every sober virtue in one of the most pious households of England, taught everlastingly by precept and example that life was serious, yet every act that his friends record of Matthew Arnold at this time is a denial of his training, every word that he writes in his letters is an assertion of his own pleasant difference from other men.[7]

---

6. — Lettre citée par Lionel Trilling, *op. cit.*, p. 20 et par Stefan Collini, *op. cit.*, p. 19-20.
7. — Lionel Trilling, *op. cit.*, p. 21-22. Certains auteurs plus récents ont contesté le caractère sombre et austère de l'éducation de Matthew Arnold. C'est le cas en particulier de Park Honan dans son essai « Arnold, Eliot and Trilling » publié dans *Matthew Arnold in His Time and Ours: Centenary Essays*, Charlottesville, University Press of Virginia, 1988.

L'année 1847 apporta un changement important dans la vie de Matthew Arnold. Il quitta Oxford pour devenir le secrétaire particulier d'un homme politique libéral, le marquis de Lansdowne. Pour Arnold c'était un tout nouveau style de vie, au milieu de la société politique londonienne ; c'était aussi la marque d'un choix : à cette époque, la position de *fellow* d'un collège d'Oxford (ou de Cambridge) était en quelque sorte une position d'attente et de préparation à une vie universitaire — et donc ecclésiastique, puisque les universités étaient des fondations religieuses. Le père de Matthew Arnold avait respecté cette règle, puisque élu Fellow à Oriel College en 1815 il en était sorti en 1818 peu après son ordination. Matthew Arnold en choisissant de devenir secrétaire particulier tournait définitivement le dos à cette situation et s'engageait dans une carrière à la fois laïque et mondaine.

Arnold en 1847 semble désormais promis à une vie animée dans un univers très différent de celui d'Oxford, de Rugby ou du Lake District où se trouvait la maison familiale des Arnold. Il est le protégé d'un vieux lord très influent et d'un diplomate prussien, von Bunsen, un vieil ami de son père. Elégant, spirituel, rieur et bon vivant, il est de tous les dîners où se pressent les beaux esprits et les puissants de ce monde. Un autre ami de son père, Henry Crabb Robinson, qui appartient à la *Society*, le décrit comme « *A very gentlemanly young man with a slight tinge of the fop that does no harm when blended with talents, good nature and high spirits* ».

La publication par ce jeune homme en 1849 d'un recueil de poèmes d'une gravité parfois désespérée, intitulée *The Strayed Reveller* allait donc surprendre la plupart de ses amis et lui valoir une première notoriété littéraire.

Cette gravité nouvelle — dont on trouvera une étude plus détaillée dans le prochain chapitre — annonçait une série de changements dans la vie du jeune dandy. Déjà en 1850 il avait dû renoncer à épouser une jeune fille à qui il faisait la cour, faute de pouvoir justifier d'une situation matérielle assurée. Le 15 avril 1851 il est nommé inspecteur des écoles grâce à l'intervention de Lord Lansdowne et le 10 juin il épouse Frances, fille d'un magistrat de la Cour supérieure de justice, Sir William Wightman. Ce mariage sera l'occasion d'un nouveau séjour sur le continent, avant de prendre ses fonctions d'inspecteur.

A partir de l'automne 1851 et jusqu'à sa retraite du corps de l'inspection en 1886, il va effectuer de nombreux déplacements pour inspecter les écoles dont il a la charge et rassembler des informations sur les divers systèmes éducatifs pour rédiger les rapports qu'on lui demande.

Loin d'être une sinécure, ce poste va jouer un rôle important dans l'élaboration et l'évolution de sa pensée politique et sociale et lui donner l'occasion d'entrer en contact proche avec des populations et des situations qui auraient pu lui demeurer totalement inconnues ou n'avoir qu'une réalité lointaine et indirecte.

Pendant plus de trente ans il va parcourir en train toute l'Angleterre. Ses lettres sont datées des plus petites villes du cœur du pays, parfois d'une salle d'attente de gare. Ces déplacements lui pèsent mais lui permettent d'acquérir une connaissance de la province anglaise que partagent peu de ses contemporains londoniens, auteurs ou hommes politiques.

L'ironie du sort voulut qu'il soit chargé d'inspecter les *Nonconformist Schools*, c'est-à-dire les écoles tenues par ces descendants des Puritains du XVIIe siècle, les *Dissenters*, dont il allait brosser dans *Culture and Anarchy* un portrait pour le moins sévère sous le vocable de *Philistines*. Stefan Collini nous le décrit :

> He spent many dreary hours during the 1850s in railway waiting-rooms and small town hotels, and longer hours still in listening to children reciting their lessons and parents reciting their grievances.[8]

Changement de vie radical, souvent ressenti comme pesant mais qui le convainquit, au moins autant que son père en avait été convaincu, de l'enjeu fondamental que représente l'enseignement. Il y consacra ses rapports annuels, bien sûr, mais aussi de très nombreux textes et articles — se lançant même à un certain moment dans une polémique contre une

---

8. — Stefan Collini, *op. cit.,* p. 21.

mesure prise par le gouvernement du jour dont il était cependant censé être le fonctionnaire et l'exécutant.

De ce contact avec la réalité allaient naître deux constantes de la personnalité d'Arnold : d'une part l'habitude de réagir aux circonstances, ce qui vaudra au lecteur d'innombrables références à des personnages et situations donnés, et d'autre part la conviction de la supériorité de Londres sur la province, et même plus généralement du centre de tout système par rapport à la périphérie. Cette conviction se marquera plus tard par des oppositions lexicales très manichéennes entre ce qui est national, public, humain et ce qui est provincial, sectaire, mécanique.

Entre 1849 et les années 1870, la vie de Matthew Arnold est émaillée de publications régulières. Ces publications sont de plus en plus souvent faites sous formes d'articles dans des revues ou magazines repris ultérieurement sous forme de livres ; surtout on assiste progressivement à un remplacement de la poésie par la prose. Arnold publie des poèmes que nombre de ses contemporains considèrent comme majeurs. Ses admirateurs sont des hommes de lettres considérables puisqu'on trouve parmi eux Dante Gabriel Rossetti ou Algernon Charles Swinburne. Mais cette admiration, reste précisément de la nature de celles qui font les succès d'estime. Trilling écrit de façon très révélatrice :

> *Like Wordsworth before him, like T.S. Eliot after, he wrote primarily for a small group of saddened intellectuals for whom the dominant world was a wasteland...*[9]

La veine poétique d'Arnold produisit des titres remarqués par la critique *Empedocles on Etna* (1852) que Browning fera plus tard rééditer, « *Sahrab and Rustum* » (1853), *Balder Dead* (1854), *Stanzas from the Grande Chartreuse* (1855). Mais peu à peu d'autres publications apparaissent et se font de plus en plus nombreuses : de critique littéraire d'abord. Elu en mai 1857 professeur de poésie à Oxford, il intitule son cours inau-

___

9. — Lionel Trilling, *op. cit.*, p. 79.

gural « On the Modern Elements in Literature ». Au cours des
dix années suivantes, il présente dans le cadre de ses conférences des essais de critique littéraire qui font date dans son
œuvre générale.

Il rédige aussi de nombreux essais politiques ou scientifiques, fruits de ses voyages sur le continent ou des missions
dont il est chargé : *England and the Italian Question* (1859),
The Popular Education of France (1862), *The Twice Revised
Code* (1862), *A French Eton* (1864), *Essays in Criticism* (1865).

En 1867 Arnold a une réputation bien établie d'auteur
polémique dans les domaines politique, social et religieux. Nous
avons vu que le monde de la réalité quotidienne a pris une
place déterminante dans les choix et le contenu de son écriture,
cette tendance sera évidemment confortée, voire renforcée, par
la publication d'articles ou de conférences dans des revues
périodiques. Nous verrons ultérieurement comment cette forme
de publication permet un véritable dialogue avec les lecteurs,
mais elle permet d'abord de suivre l'actualité et de répondre,
parfois par anticipation, aux attentes et aux préoccupations du
public. Un très bel exemple nous est fourni précisément par
Culture and Anarchy. Non seulement la succession sur une
longue période de publications séparées pour chaque chapitre
permet à Arnold de tenir compte des réactions des lecteurs
mais le long développement dans la préface consacré aux *Dissenters* (et à leurs motivations pour pousser à l'abandon du sta-
tut d'église établie de l'Eglise anglicane en Irlande) peut
paraître sans rapport direct avec le corps du texte, qu'on
aborde l'ouvrage dans l'ordre de sa publication en 1869 ou dans
l'ordre de sa composition initiale. Or, ce sujet était bien sûr
tout-à-fait dicté par l'actualité politique de 1869, date de rédaction de la préface et de l'introduction au parlement de l'*Irish
Church Act*. Arnold saisit aussitôt cette occasion de commenter
l'actualité et d'illustrer ainsi sa théorie sur le sectarisme intellectuel et culturel des églises dissidentes issues du puritanisme.

Les événements politiques, les phénomènes économiques, sociaux ou religieux, les faits marquants de la vie littéraire ou philosophique n'ont pas manqué au fil de la vie et
de la carrière d'Arnold. Certains ont eu un retentissement
direct et immédiat, comme l'intervention française en Italie et

la parution de *England and the Italian Question*, ou l'adoption par le gouvernement britannique du *Revised Code* pour le financement des écoles primaires et la parution de *The Twice Revised Code*, ou encore la mort de Sainte-Beuve et la parution d'un essai consacré à son ami. D'autres événements, les plus nombreux, ont eu un retentissement indirect, parfois explicite, souvent plus discret. En dehors des événements de sa vie personnelle ou professionnelle, ce furent les alternances politiques régulières de l'époque victorienne et leur cortège de réformes constitutionnelles, politiques, économiques et sociales, ce furent les révolutions européennes de 1848, les crises nationales et internationales en France, en Italie, en Allemagne, ce fut l'édification de la puissance américaine, l'évolution de l'Empire britannique, la difficile et souvent douloureuse relation avec l'Irlande. Arnold, homme de son temps, suivit toutes les polémiques et tous les mouvements — à l'exception peut-être de ceux de l'économie, caractéristiquement absente du texte et du contexte de son œuvre pourtant largement parallèle à l'élaboration de celle de Marx.

La vie d'Arnold assombrie par la perte de deux fils en 1868 atteint un sommet de sa notoriété en 1869 avec la publication sous la forme de livre de *Culture and Anarchy*. C'est sous cette forme qu'il rassemblera désormais la plupart de ses articles. Il reçoit des honneurs officiels : il devient *docteur honoris causa* de droit civil à Oxford et inspecteur général des écoles en 1870. Les rééditions de ses poèmes et œuvres en prose se succèdent. Il est considéré comme l'un des plus grands experts sur les questions sociales et religieuses. Il décline en 1877 le poste de Lord Rector de l'université de Saint Andrews qu'avait occupé John Stuart Mill quelques années auparavant, mais est nommé à la tête du corps d'inspection des écoles en 1884 et reçoit une pension sur la Liste civile royale en témoignage de « reconnaissance des services rendus à la poésie et la littérature d'Angleterre ». Il fait deux tournées de conférences aux Etat-Unis et se rend encore plusieurs fois en France, en Allemagne, en Suisse et en Italie pour son plaisir et en tant que représentant de la *Royal Commission on Education*.

Il est donc devenu l'un des hommes de lettres les plus célèbres de l'Angleterre victorienne, à la fois reflet et cri-

tique d'une société et d'une culture qu'il analyse sans com-
plaisance mais encore avec passion lorsque la maladie de
cœur héritée de son père le touche à son tour à Liverpool le
15 avril 1888.

Chapitre II
Matthew Arnold :
de la poésie à la culture

Entre l'impression du premier poème de Matthew Arnold, distingué par un prix à Rugby, *Alaric at Rome*, en 1840 et la parution (posthume de quelques mois) de la seconde série de ses *Essays in Criticism* en 1888, quarante huit ans se sont écoulés pendant lesquels il a régulièrement écrit et publié. En fait, entre 1849, date de la parution de son premier grand recueil de poèmes, et sa mort, il s'écoula rarement plus de quelques mois sans qu'il ne fasse paraître des poèmes, des articles ou des essais. L'ensemble de l'œuvre d'Arnold représente douze volumes. Pour beaucoup de ses contemporains, le nom de Matthew Arnold était d'abord celui d'un poète : il est vrai qu'il commença par publier de la poésie et que c'est grâce à la réputation que lui valurent ces poèmes qu'il fut élu en 1857 (et réélu en 1862) professeur de poésie à l'université d'Oxford. Cependant la proportion entre l'œuvre poétique et l'œuvre en prose est pour le moins inégale : un volume de poésie et onze volumes de prose. De même, si on laisse de côté les *juvenilia*, la production poétique couvre à peu près huit ans de la vie de l'auteur contre plus de trente pour la production en prose.

L'évolution de l'œuvre d'Arnold est tout-à-fait révélatrice de la carrière de l'auteur. Si nous plaçons sur un tableau les titres des ouvrages par ordre chronologique et que nous faisons de gauche à droite cinq colonnes : poésie, didactique, critique littéraire, critique politique et sociale et enfin thèmes religieux, nous voyons que deux colonnes ne sont remplies respectivement que dans leur partie supérieure (la poésie) et dans leur partie inférieure (l'œuvre religieuse). Une colonne ne comporte que trois ouvrages de quelque importance (didactique) sans compter, bien sûr, les rapports annuels et les rapports de mission. Une colonne centrale couvre trente et un ans de création et compte une dizaine d'ouvrages majeurs. C'est la colonne « critique littéraire » et on se rend compte d'un seul coup d'œil que c'est là le cœur de l'œuvre d'Arnold. Nous verrons qu'il a d'ailleurs mêlé à la critique littéraire de nombreuses réflexions politiques, sociales et religieuses. La colonne critique politique et sociale se greffe sur ce tronc principal sur une longue période de vingt trois ans et comporte des ouvrages véritablement essentiels tels que *Culture and Anarchy* qui occupe une position centrale : vingt ans après la publication de *The Strayed Reveller*, dix neuf ans avant la mort d'Arnold.

Une telle structure est la marque d'une évolution et d'une diversité d'intérêts, mais ce serait trahir l'une des grandes préoccupations d'Arnold pour qui la culture était le seul moyen d'aider l'homme a atteindre la perfection globale, que de ne pas y voir des facteurs d'unité.

> *While the young poet had sung of the private griefs and yearnings of the solitary, the mature prose-writer moved in a public world whose reference points were the latest number of a periodical, a recent speech in parliament, the season's new books.*[1]

Stefan Collini signale l'évolution, mais il ajoute :

> *He wrote a good deal [...] and he wrote to cajole, to convince, to controvert, and to pay his bills. [...] Since he wrote to be read and not just to be cited in other men's footnotes, his prose is usually lively, often amusing, always accessible.*[2]

Nous allons d'abord examiner rapidement l'œuvre poétique, puis nous aborderons l'œuvre en prose, en distinguant entre les ouvrages d'inspiration didactique, littéraire, politique ou sociale et enfin religieuse. Nous pourrons alors revenir à *Culture and Anarchy*, aux circonstances et au mode de sa composition, et à sa place dans la vie et la pensée de Matthew Arnold.

---

1. — Stefan Collini, *op. cit.*, p. 22.
2. — *Ibidem.*

> *When a volume of verse called* The Strayed Reveller *appeared in 1849 and it became an open secret that the signature "A" hid the authorship of Matthew Arnold, everyone who knew him was astonished at the temper of the volume. Those who were acquainted with his father, Dr Thomas Arnold, were amazed that any poetry at all should come from an Arnold, and Matthew's friends and family were puzzled that a book so gaily titled and by so gay a young man should be so sad.*[3]

La surprise créée par cette parution est demeurée légendaire et semble avoir été réelle et profonde chez les parents et amis d'Arnold. Sa sœur Mary écrivit que ce recueil fut pour elle « *like a new introduction to him* ». Son ami, le poète Arthur Clough, ne connaissait de lui que sa gaieté qui n'était sans doute qu'une mise à distance des autres.

Le dilettante qui mettait un point d'honneur à asseoir sa réputation de mauvais étudiant, qui se signalait par des plaisanteries de collégien, qui semblait ne rien faire de sérieux, dont on doutait presque qu'il eut lu d'autres poèmes que les chansons de Béranger ou quelqu'autre couplet à la mode, publiait des vers écrits dans le ton grave d'une nostalgie triste.

Une telle surprise peut aujourd'hui paraître excessive quand on prend en compte trois facteurs que ses amis n'auraient pas dû ignorer :

Matthew Arnold avait hérité de son père une fascination pour les classiques, mais alors que son père était porté vers les historiens, il était enthousiasmé par les poètes. Il a rapporté l'émotion avec laquelle il avait découvert à Rugby, à l'âge de neuf ans, la Quatrième Eglogue de Virgile[4]. Contrairement à l'impression qu'il voulait donner de lui, il lisait énormément au cours de ses années d'études à Oxford. On relève par exemple pour les années 1845-1847 : Platon, Lucrèce, Plotin, Plutarque, Aristote, Bacon, Descartes, Berkeley, Herder, Kant, Montesquieu, Humboldt, Sismondi, Victor Cousin et Schelling.[5] On sait aussi l'influence de Goethe, Spinoza,

---

3. — Lionel Trilling, *op. cit.*, p. 15.
4. — E.V. Lucas, *The Colvinus and their Friends,* New York, 1928.
5. — Kenneth Allott, « Matthew Arnold's Reading Lists in Three Early Diaries », *Victorian Studies* II, 1959.

Sénancour et Wordsworth, et, dans un sens un peu différent, de George Sand, sur le jeune homme.

D'autre part les premiers efforts poétiques de Matthew Arnold à partir de 1836 à Winchester, de même que les deux œuvres « publiées » après qu'il ait remporté les premiers prix de poésie de Rugby et de Newdigate, *Alaric at Rome* et *Cromwell*, annonçaient déjà cette veine d'inspiration grave.

Enfin le dandysme effréné d'Arnold était sans doute une réaction à l'éducation sévère que lui avait inculquée son père, mais c'était aussi un masque pour protéger sa nature profonde, et ses amis qui s'exaspéraient parfois de sa gaité déploraient aussi la distance qu'il mettait ainsi entre lui-même et son entourage.

> *Misunderstood, hiding behind a mask of irresponsibility, Arnold is free to cultivate that internal, meditative, slowly-precipitating part of himself which is to produce poetry. He is free from the questioning moralism and the restless intellectual drive of Rugby and Oxford: 'Es bildet ein Talent sich in der Stille [un talent s'élabore dans le silence]—behind the high wall of his mockery.'*[6]

La poésie d'Arnold est d'inspiration très élégiaque, même lorsqu'il aborde d'autres genres, et il a laissé des sonnets, des stances, des poèmes lyriques ou dramatiques. La note qui s'en dégage de façon dominante est le plus souvent nostalgique. C'est une réflexion sur une expérience, très souvent sur une expérience passée, la perte d'un amour, d'un bonheur. La prosodie en est solennelle et régulière, le volume peut être considérable comme dans le long poème *Empedocles on Etna* (1852). Arnold a défini sa poésie comme « *the dialogue of the mind with itself* ». On y trouve un thème, inspiré de Spinoza, qui s'affirmera tout au long de son œuvre : celui du devoir de l'action — l'action conforme à l'être et au savoir que l'on retrouvera sous-jacente dans sa définition d'une culture totale : « *Resolve to be thyself, and know, that he who finds himself, loses his misery* ».

---

6. — Lionel Trilling, *op. cit.*, p. 28.

Saluée par Rossetti et Swinburne, cette poésie a encore aujourd'hui de nombreux admirateurs. Comme Schiller, Arnold pensait que la poésie devait apporter la joie — et il dut ressentir très durement le tarissement de son inspiration poétique. Il a plusieurs fois fait référence à cette tristesse — et il l'a exprimée au sujet de Sainte-Beuve, ce critique qu'il admirait tant :

> *Like so many who have tried their hand at* œuvres de poésie et d'art, *his preference, his dream, his ideal was there; the rest was comparatively journeyman-work, to be done well and estimably rather than ill and discreditably, and with precious rewards of its own, besides, in exercising the faculties and keeping off ennui; but still work of an inferior order.*[7]

Nous trouvons cependant une continuité essentielle entre poésie et prose dans cette citation de Goethe résumée ainsi par Arnold « *modern poetry can only subsist by its contents* » et qui disait : « ce qui éduque et inspire véritablement dans la poésie, c'est ce qui subsiste du poète lorsqu'il est traduit en prose. »

L'œuvre en prose commença en 1857, avec les premières conférences d'Arnold à Oxford sur la poésie. En 1859, il publia un essai politique *England and the Italian Question* dans lequel il analysait également la politique française en Italie. La première date importante de l'œuvre est cependant 1861. En effet, au cours de cette année, qui est la quatrième année consécutive sans aucune production poétique, il publie trois textes dans trois domaines différents : dans le domaine de la réflexion pédagogique, il publie *the Popular Education of France* ; dans le domaine de la critique littéraire, il publie ses conférences à Oxford réunies sous le titre *On Translating Homer* et enfin sur le plan politique et social, il écrit une introduction à *The Popular Education of France* qui fera l'ob-

---

7. — Robert H. Super (ed.), *The Complete Prose Works of Matthew Arnold,* 11 vol., Ann Arbor, Michigan University Press, 1960-77, vol. V, p. 305.

jet d'une publication séparée sous la forme d'un essai intitulé *Democracy*[8].

Les liens qui unissent les trois textes de 1861 sont caractéristiques d'une part de la gestion éditoriale d'Arnold et d'autre part d'une unité fondamentale dans sa pensée et dans sa dialectique. L'ouvrage *The Popular Education of France* est en effet une version « littéraire » du rapport officiel qu'il a rédigé en 1859 au retour d'une mission de cinq mois en France, en Hollande et dans les cantons francophones de Suisse pour la *Newcastle Commission on Elementary Education*. Il écrit une introduction à cet ouvrage, dans laquelle il expose le thème sous-jacent du rôle de l'Etat dans l'éducation scolaire.

Ce thème prend une telle importance pour Arnold — c'est, on le verrra, un point sur lequel il s'oppose radicalement à John Stuart Mill — qu'il décide d'en faire un ouvrage à part entière qui sera publié ultérieurement sous le titre de *Democracy*.

Le rôle de l'Etat dans l'éducation est bien sûr pour Arnold indissociable du rôle de l'Etat vis-à-vis de la culture et même du rôle de l'Etat dans la société moderne en général. Il écrit dans *Democracy* :

> The difficulty for democracy is, how to find and keep high ideals...; and one ideal of greatness, high feeling and fine culture, which an aristocracy once supplied to them, they lose by the very fact of ceasing to be a lower order and becoming a democracy.[9]

Ce rôle de l'aristocratie « oisive » que Tocqueville a décrit dans *De la démocratie en Amérique* et que Thorstein Veblen

---

8. — Les extraits dans les textes suivants, *Democracy, The Function of Criticism at the Present Time*, sont tous empruntés à l'édition de Cambridge University Press, 1993, dirigée par Stefan Collini.
Sauf indication particulière, les citations de *CA* font référence à l'édition de Stefan Collini de 1993.
Les citations en français de *CA* sont empruntées à la traduction du Centre de Recherche de littérature, linguistique et civilisation des pays de langue anglaise de l'Université de Caen, dirigée par M. le Professeur Jean-Louis Chevalier (*Culture et anarchie*, L'âge d'homme, 1984).
Nous nous contenterons d'indiquer la page de cette édition après chaque citation.
9. — *Democracy*, p. 14.

analysera dans *The Theory of the Leisure Class* (1899), seul l'Etat peut, selon Arnold, le remplir. Il écrit que l'Etat doit apporter à la nation « *an ideal of high reason and right feeling, representing its best self* »[10].

L'exemple de la pratique scolaire française l'amène donc à des conclusions à la fois culturelles et politiques.

L'autre publication de 1861 est d'ordre plus explicitement littéraire puisque elle est consacrée à une réflexion sur les traductions de l'œuvre de Homère — cependant Arnold saisit là aussi l'occasion de présenter ces traductions en relation avec l'époque et avec la société de leurs auteurs. On s'achemine vers l'essai de 1864 intitulé *The Function of Criticism* qui sera repris en tête de la première série des *Essays in Criticism* et où l'on s'aperçoit qu'un texte qui est souvent considéré comme l'acte de naissance de l'étude de la littérature anglaise dans les universités britanniques déborde largement le cadre de la critique littéraire pour aborder naturellement des thèmes essentiels de critique politique et sociale. Cette même cohérence de la pensée, cette même gestion éditoriale se retrouveront dans *Culture and Anarchy* dont le premier chapitre fut publié sous le titre de *Culture and its Enemies* dans le cadre de la dernière conférence d'Arnold à Oxford en tant que professeur de poésie.

L'un des textes les plus polémiques sur le plan professionnel de l'inspecteur des écoles Matthew Arnold paraîtra également sous forme d'article, en 1862, et sera intitulé *The Twice Revised Code*. Dans cet article, Arnold attaque — non sans courage — une mesure prise par le Chancelier de l'Echiquier du gouvernement de Palmerston, Robert Lowe, affectant le mode de distribution de la subvention publique aux écoles. Il s'oppose à la nouvelle mesure qui lie l'attribution de la subvention aux résultats obtenus par l'école — ce qui lui semble le comble de l'utilitarisme « philistin » et contraire à l'intérêt des enfants et de la nation entière. Alimentée par sa conviction intellectuelle et professionnelle, la rhétorique d'Arnold devient cinglante ; il retrouve dans cette décision la main de

---

10. — *Democracy*, p. 18.

> *Mr Lowe, a political economist of such force, that had he been*
> *by when the Lord of the harvest was besought 'to send*
> *labourers into his harvest', he would certainly have remarked of*
> *that petition that it was 'a defiance of the laws of supply and*
> *demand';*

il fustige

> *those extreme Dissenters who for the last ten years have seemed*
> *bent on proving how little the future of the country is to owe to*
> *their intelligence*

et il conclut :

> *there will be only one sufferer:*—The education of the people.[11]

Matthew Arnold se trouve engagé dans une œuvre polémique. Initialement d'ordre esthétique lorsqu'il pourfendait les mauvais traducteurs de Homère, cette polémique a pris une dimension plus vaste en touchant aux fondations du système social que sont les politiques scolaires ; elle a atteint le domaine de l'Etat avec les propositions faites par Arnold de renforcer ce dernier en lui confiant une mission directrice dans l'éducation et plus généralement dans la culture du pays.

Arnold va encore aborder le domaine pédagogique : avec *A French Eton* publié en 1864 et une série d'articles satiriques dans la tradition des *Lettres persanes* qui seront réunis en 1871 sous le titre de *Friendship's Garland*. Dans les deux cas il fait une analyse critique de la situation anglaise à la lumière d'exemples étrangers qu'il juge meilleurs : celui de la France dans un cas et celui de la Prusse dans l'autre — ce qui n'est pas véritablement du goût de la majorité de la bourgeoisie victorienne, convaincue et satisfaite de la supériorité de l'Angleterre.

L'œuvre critique majeure d'Arnold sera publiée sous forme de livre en 1865 sous le titre *Essays in Criticism*. L'ouvrage rassemblait à la suite d'une préface neuf essais écrits au

---

11. — Matthew Arnold, « The Twice Revised Code » in *Matthew Arnold and the Education of the New Order*, ed. Peter Smith, Cambridge, Cambridge University Press, 1969, p. 196-197.

cours des trois années précédentes et qui avaient initialement fait l'objet de conférences ou d'articles.

Essays in Criticism est généralement considéré comme l'œuvre maîtresse d'Arnold en matière de critique littéraire et a contribué dans une large mesure à faire de lui le fondateur des études de littérature anglaise dans les universités d'outre-Manche. Or, la lecture de la table des matières, fait apparaître que trois des essais sont consacrés à des auteurs français (Joseph Joubert, Maurice et Eugénie de Guérin), les autres traitent de Heinrich Heine, Spinoza, Marc Aurèle et du sentiment religieux païen et médiéval. Les deux essais les plus connus sont intitulés *The Function of Criticism at the Present Time* et *The Literary Influence of Academies*. On voit qu'on est assez loin de la littérature anglaise proprement dite et même, pour certains essais, de la littérature tout court — à moins de l'entendre au sens large incluant la philosophie, la théologie ou l'histoire.

Quant à la critique, il s'agit moins d'un genre littéraire que d'une démarche de l'esprit qu'il définit ainsi :

> But criticism, real criticism, is essentially the exercise of this very quality [curiosity]. It obeys an instinct prompting it to try to know the best that is known and thought in the world, irrespectively of practice, politics and everything of the kind; and to value knowledge and thought as they approach this best, without the intrusion of any other considerations whatever.[12]

Il dit aussi qu'en Angleterre la critique

> has so ill accomplished... its best spiritual work; which is to keep man from a self-satisfaction which is retarding and vulgarising, to lead him towards perfection, by making his mind dwell upon what is excellent in itself, and the absolute beauty and fitness of things.[13]

Nous retrouvons dans ces exigences les fonctions qu'Arnold attribue à la culture dans *Culture and Anarchy*.

---

12. — *The Function of Criticism at the Present Time*, p. 35-36.
13. — *The Function of Criticism at the Present Time*, p. 38.

Le dernier volet de l'œuvre en prose d'Arnold est l'œuvre religieuse. Elle occupe principalement la dernière décennie de sa vie. Elle comprend *Saint Paul and Protestantism* (1870), *Literature and Dogma* (1873), son œuvre majeure en ce domaine, *God and the Bible* (1875) et *Last Essays on Church and Religion* (1877).

L'époque victorienne pouvait s'enflammer pour la controverse religieuse sans qu'il soit besoin de la parution de l'œuvre de Darwin pour y donner naissance. Arnold avait grandi dans un milieu familial où la polémique religieuse avait de l'importance, comme en témoigne la rupture entre son père et John Keble, son parrain. A son tour, il n'avait pas craint la provocation religieuse dans certains de ses essais en principe littéraires et ses attaques violentes, motivées et incessantes contre le puritanisme (cette « prison » dans laquelle s'était enfermé l'esprit anglais) et les *Dissenters*, sont familières au lecteur de *Culture and Anarchy*.

A partir de 1870, Arnold entreprend de soumettre la Bible au même traitement critique qu'une œuvre littéraire. Le scandale et le succès sont immenses. Son livre *Literature and Dogma* connaîtra, nous dit Stefan Collini, des tirages supérieurs à tous ses autres livres et se vendra probablement à plus de 100 000 exemplaires.

Ces œuvres ne sont pas celles qui ont le mieux traversé le temps, et le goût pour ce genre de controverse a certes diminué de nos jours. Cependant il est intéressant de noter que cette partie de son œuvre s'inscrit parfaitement dans la cohérence générale de sa démarche critique.

Nous avons vu la position occupée par *Culture and Anarchy* dans la vie et l'œuvre de Matthew Arnold. Cette position médiane est aussi une position centrale. L'œuvre occupe le cœur de la carrière d'Arnold en même temps qu'elle représente la synthèse de toutes ses préoccupations.

1867, année du début de sa rédaction, est l'année de la publication du dernier recueil de poésie d'Arnold (*New Poems*), consistant en fait de rééditions de ses poèmes plus anciens. Elle suit la publication d'œuvres de réflexion sur l'enseignement (*A French Eton*) ou de critique littéraire (*Essays in Criticism*), elle précède de peu la publication des premiers textes sur la religion (*St Paul and Protestantism*).

Comme dans toute son œuvre critique, Arnold y mêle plusieurs thèmes, mais le sous-titre indique clairement la dominante : *An Essay in Political and Social Criticism* — ce qui n'empêche pas la préface d'être presque exclusivement consacrée à un problème d'ordre ecclésiastique et religieux.

Nous avons également vu comment Arnold, à l'instar de nombre d'illustres contemporains, publiait initialement des articles dans l'une ou l'autre des grandes revues de son temps puis réunissait ces articles au sein d'un livre sous une forme identique ou recomposée.

On se souvient que Matthew Arnold avait été élu professeur de poésie à Oxford en 1857 et réélu en 1862. Ce poste était dans une large mesure honorifique et ne comportait que l'obligation de faire trois conférences annuelles. Arnold, abondamment absorbé par ses autres occupations professionnelles, eut souvent de la peine à respecter les dates annoncées des conférences et, arrivé au terme de son deuxième mandat de cinq ans, il ne sollicita pas sa reconduction dans le poste. Il fit en juin 1867 la dernière de ses conférences qu'il intitula « Culture and its Enemies ». Le texte parut dans *The Cornhill Magazine* en juillet de la même année et provoqua un nombre considérable de réactions de la part des lecteurs.

S'engageant dans la polémique, Arnold répondit à son tour à ces critiques dans une série d'articles intitulés collectivement « Anarchy and Authority » qui parurent dans le même *Cornhill Magazine* entre janvier et août 1868.

En 1869 parut un livre intitulé *Culture and Anarchy* dans lequel Arnold avait repris la substance de cette série d'articles de 1867 et 1868 distribuée en six chapitres (sans titre), introduction et conclusion. Il avait rédigé pour cette publication une préface, qui date donc de 1869, et s'adresse presque explicitement à un lecteur qui connaît déjà le sujet de la polémique et le contenu du livre — ce qui explique que Stefan Collini l'ait placée à la fin de l'ouvrage, selon l'ordre chronologique de son écriture, comme l'avait également fait Robert H. Super dans sa grande édition de l'œuvre en prose (1960-1977).

Lorsque parut en 1875 une seconde édition, Arnold introduisit d'assez nombreuses modifications et ajouta les titres des chapitres. Une troisième édition parut en 1882, suivie d'une quatrième, en 1883, accompagnée du recueil humoristique *Friendship's Garland*, inspiré du voyage d'Arnold en Prusse que nous avons mentionné plus haut.

L'ouvrage eut donc un succès certain, mais le mode de composition, comme les éditions successives, sont également la marque du dialogue qui s'est instauré entre Arnold et ses contradicteurs et les marques rhétoriques de ce dialogue, qui sont sensibles tout au long du livre, ne sont pas des artifices de présentation mais la trace de ce dialogue entre Matthew Arnold et cette partie de l'Angleterre qu'il critique et s'efforce de convaincre.

C'est ensuite en 1932 que paraît une nouvelle édition de *Culture and Anarchy*. Elle est due à J. Dover Wilson et reprend l'ordre de publication et l'essentiel du texte de 1869, en y incorporant les « améliorations » et « additions » de 1875, ainsi que quelques corrections de l'édition de 1882. Cet ouvrage connut quinze rééditions entre 1932 et 1971. *Culture and Anarchy* était bien désormais un classique.

Nous avons mentionné plus haut l'édition de référence que constituent les onze volumes dus à R.H. Super, *The Complete Prose Works of Matthew Arnold*, parus aux éditions d'Ann Arbor de 1960 à 1977. C'est sur cette somme de l'œuvre en prose que s'est appuyé Stefan Collini pour publier en 1993 à la *Cambridge University Press Culture and Anarchy and Other Writings*, qui est l'édition à laquelle nous nous référons dans le présent ouvrage.

Il fallut attendre 1984 pour voir paraître une traduction française de *Culture and Anarchy*. Accompagnée d'un appareil critique tout à fait remarquable, elle est l'œuvre du Centre de recherche de littérature, linguistique et civilisation des pays de langue anglaise de l'université de Caen sous la direction de Jean-Louis Chevalier.

Chapitre III
Le spectre de la dégénérescence

Certains ont reproché à Matthew Arnold sa vision par trop critique de la société victorienne.

Il est loin pourtant de représenter une voix isolée.

Quels que soient les certificats d'autosatisfaction que savait se décerner la bourgeoisie triomphante, de nombreuses voix se sont élevées pour dénoncer la dégénérescence, le scandale que représentait au cœur du pays le plus riche et « le plus civilisé » du monde, la misère grandissante de certaines couches de la population, l'inefficacité des dispositions politiques et sociales prises par les gouvernements successifs, l'incapacité des organisations privées à trouver des solutions harmonieuses.

Certes, une majorité de la population britannique était convaincue du triomphe industriel et politique du pays. Tout, en effet, au XIXe siècle semble concourir à placer la Grande-Bretagne au premier rang mondial. Le poids de l'économie britannique est tel qu'elle dépasse à elle seule le poids réuni des économies française, allemande et italienne.

Les villes connaissent un développement sans précédent. Londres est la plus grande capitale du monde. En l'espace d'une génération, la population a presque triplé, passant de 900 000 habitants en 1801 à 2 360 000 en 1851. Elle atteindra 3 800 000 habitants en 1881 et 4 500 000 habitants au début du siècle suivant.

La métropole s'enorgueillit d'améliorations monumentales et urbanistiques : larges voies de circulation, aménagement des berges de la Tamise, construction de nouveaux quartiers, immenses gares de chemin de fer ; de somptueux bâtiments hébergent les banques et les bâtiments administratifs. L'Angleterre se dote rapidement d'une infrastructure ferroviaire unique au monde (20 000 km de voies ferrées en 1870) qui suscite une telle émulation sur le continent que ce sont des ingénieurs britanniques qui construisent les voies ferrées en France, en Allemagne et dans de nombreux autres pays européens. La production industrielle augmente. Soutenue par la première production mondiale de charbon et d'acier, l'industrie britannique métamorphose le pays en « atelier du monde », assurant à lui seul la moitié de la production mondiale.

Le commerce national et international se développe dans les mêmes proportions, alimenté par la généralisation des mesures de libre-échange.

L'abrogation des lois de monopole sur le grain (*Corn Laws*) en 1846 — dont certains de ses partisans, notamment Richard Cobden et John Bright (école de Manchester) avaient pensé qu'elle constituerait un bénéfice pour les pauvres sous la forme d'une baisse du prix du pain — cette abrogation, prolongée par une politique économique résolument libre-échangiste, s'était révélée une source profitable d'expansion pour les entrepreneurs et les commerçants.

Le premier rang mondial de la flotte de commerce britannique et du port de Londres sont à la fois la marque et le soutien de cette expansion commerciale. La *City* devient elle aussi la capitale mondiale de tout l'appareil financier. Ce mouvement ne peut être séparé de l'expansion coloniale britannique au XIXe siècle où l'Empire, cette immense tache rouge sur le globe où « jamais le soleil ne se couche » apporte un complément soigneusement exploité à l'économie nationale. Elle représente des ressources en matières premières et en main d'œuvre avec les colonies d'exploitation (Afrique, Asie), ainsi qu'un exutoire démographique avec les colonies de peuplement (Canada, Australie, Nouvelle-Zélande, etc).

Autre raison de fierté triomphante pour la Grande Bretagne : ses institutions politiques et sa constitution, encore auréolées de la marque de la *Glorious Revolution*, tant admirées par Voltaire et Montesquieu, suffisamment solides et souples pour survivre au souffle de la Révolution française et des grandes poussées d'agitation sociale et politique de la première moitié du XIXe siècle ; ces institutions se démocratisent progressivement, associant une part sans cesse grandissante de la population active au gouvernement local et national.

A partir de 1832, l'essentiel de la bourgeoisie est représenté à la Chambre des Communes : un homme adulte sur cinq vote en Angleterre, un sur huit en Ecosse (seulement un sur vingt en Irlande). A partir de 1867, une proportion substantielle de la population masculine ouvrière obtient à son tour le droit de vote. Parallèlement, un nombre régulièrement croissant de grands entrepreneurs de l'industrie et du commerce sont annoblis et entrent ainsi à la Chambre haute où ils modèrent le pouvoir de l'aristocratie foncière.

Cette foi pragmatique en la prospérité économique, financière et politique de la Grande Bretagne, en un mot en sa supériorité, a succédé aux craintes qui régnaient au moment du début de la révolution industrielle ou au moment de la Révolution française parmi de nombreux économistes et politiciens.

Certains députés sont les porte-paroles de cet optimisme, tel le député conservateur Sir Charles Adderley qui exalte la supériorité naturelle de la « race anglaise » :

> *Why, the race we ourselves represent, the men and women, the old Anglo-Saxon race, are the best breed in the whole world... The absence of a too enervating climate, too unclouded skies, and a too luxurious nature, has produced so vigorous a race of people, and has rendered us so superior to all the world.*[1]

On pourrait citer aussi John Arthur Roebuck, député radical de Sheffield qui déclare à ses électeurs le 18 août 1864 :

> *I look around me and ask what is the state of England? Is not property safe? Is not every man able to say what he likes? Can you not walk from one end of England to the other in perfect security? I ask you whether, the world over or in past history, there is anything like it? Nothing. I pray that our unrivalled happiness may last.* (*CA* 120)

Cependant, face à ce triomphalisme se font aussi entendre des voix dissonantes d'hommes et de femmes qui vont sur le terrain rencontrer les travailleurs et les exclus de la prospérité victorienne et qui font une analyse totalement différente à la lumière de leur foi et de leur compassion humani-

---

1. — Address to the Warwickshire Agricultural Association, 16 September 1863, *in* Matthew Arnold, *The Function of Criticism,* in *CA and Other Writings,* ed. by Stefan Collini, Cambridge University Press, 1993, p. 38.

taire. Ces personnes sont des philanthropes et des missionnaires religieux ou laïques qui, dès les années 1830, parcourent
les quartiers pauvres des grandes villes pour observer le mal,
tenter d'en trouver les causes et les remèdes[2].

Les initiateurs sont pour la plupart des membres des
classes moyennes, mais ils réquisitionnent le patronage et les
dons de la haute bourgeoisie et de l'aristocratie et « retournent
contre le mal » des ouvriers, des prostituées, des gens du
peuple qu'ils ont convertis. Il existe une certaine rivalité entre
les différentes églises non conformistes, l'église anglicane et
l'église catholique. Mais tous s'accordent à dénoncer une situation effrayante.

En 1867, date de la publication du premier chapitre de
Culture and Anarchy, le journal de la *Christian Mission*, qui
deviendra par la suite l'Armée du Salut, désigne les quartiers
de l'*East End* de Londres comme le lieu de toutes les perdi-
tions :

> The temporal and spiritual destitution of East London is
> appalling. In other parts of the metropolis..., there are quarters
> of limited extent, as dark and wicked, but they are as islands in
> a surrounding sea of intelligence and wealth, while here is a vast
> continent of vice, crime, and misery.[3]

Il s'agit de tout un échantillonnage de transgressions mais
comme le dit Friedrich Engels lui-même les deux « vices »
principaux sont l'intempérance et la licence sexuelle. Pour les
missionnaires, dans les classes populaires, l'anarchie morale
règne en maître. Prostitution, concubinage, adultère, inceste,
voilà ce qu'ils trouvent quotidiennement dans les taudis. La
brutalité et la cruauté forment la toile de fond de toutes les
unions : brutalité de l'homme contre la femme, de l'épouse
contre le mari, de la mère contre ses enfants et de la femme
contre elle-même.

L'une des explications données par ces observateurs
inquiets de la réalité du prolétariat est que les masses popu-

---

2. — Françoise Barret-Ducrocq, *Pauvreté, charité et morale à Londres au XIXe siècle*,
Paris, P.U.F., 1991.
3. — *The Christian Mission Magazine*, London, 1867, p. 2.

laires sont frappées par l'athéisme. Les rapports ecclésiastiques récents, les rapports statistiques du *British Weekly* et du *Nonconformist* de 1877 font scandale.

> The publication of the Religious Census of 1851 was an epoch in the history of religion in England. The impression produced by those statistical returns has never since been effaced. To this influence may be indirectly traced much of the vital force which the Church of Christ has since put forth for the evangelization of the people.[4]

Annoncés par mille autres signes — le mépris du repos dominical, l'absence de Bible dans la maison, les blasphèmes — les chiffres viennent concrétiser les pires craintes. Pour les moralistes chrétiens, l'immoralité du peuple prend racine à la fois dans les théories subversives des sécularistes qui prônent l'athéisme, le socialisme, le droit de vote et la contraception, et dans l'ignorance des principes élémentaires de la religion — attitude passive de désintérêt pour la parole du Christ et attitude active de rejet de la morale chrétienne.

Armés de Bible et de tracts religieux, les philanthropes des sociétés charitables et notamment des missions vont s'acharner à arracher les masses « ignorantes et immorales » aux feux de l'enfer. Quelque part derrière cette massive ignorance, il doit exister — pensent-ils — une aspiration à une vie plus haute susceptible de réveiller le sentiment religieux.

> Although by natural inclination adverse to the entertainment of religious sentiments, and fortified in this repugnance by the habits and associations of their daily life, there still remains with the masses of the people that vague sense of some tremendous want, and those aspirings after some indefinite advancements.[5]

Les milliers de missionaires de la *London City Mission*, de la *London Bible and Nurses Mission*, les enquêteurs de la

---

4. — « Religion in London », *The Nonconformist Newspaper*, Nov. 15th and Dec. 13th 1865, London, Arthur Miall, p. 2.
5. — « Religion in London », *The Nonconformist Newspaper*, Dec. 13th 1865, London, Arthur Miall, p. 2.

Charity Organization Society et des centaines d'autres agents d'institutions charitables de toutes confessions qui parcourent le pays et ouvrent *Ragged Schools*, *mother's meetings*, *tea-meetings*, assemblées d'enfants, *clothing clubs*, *penny banks*, et *Homes* se sentent engagés dans une guerre sacrée contre le mal. et pour l'édification spirituelle.

Ajoutons les représentants des différentes églises, entraînées, chacune de son côté, dans une œuvre de reconquête analogue, et l'on prendra la mesure de la mobilisation contre le danger que représente aux yeux de la communauté chrétienne militante la dépravation des masses populaires.

Cette situation dramatique en violent contraste avec l'image officielle impériale et triomphante attire aussi l'attention d'observateurs professionnels : fonctionnaires, médecins, journalistes, etc.

Les chrétiens engagés qui s'organisèrent en sociétés philanthropiques ne furent pas les seuls à s'alarmer du problème moral et social que posaient à la Grande-Bretagne les mœurs des masses populaires. Les fonctionnaires de santé, les administrateurs des *workhouses* ont produit dans leurs rapports et leurs revues professionnelles des analyses tout aussi inquiètes. John Simon, notament, le premier *Medical Officer of Health* pour la Cité de Londres, publia en 1854 ses rapports. Ils eurent un retentissement considérable. Diffusés dans tout le pays, ils apportaient la caution d'un observateur et d'un homme de science aux corrélations établies par les philanthropes entre surpopulation, immoralité, intempérance, criminalité, mortalité. Mais surtout le thème de la misère populaire est largement connu du public par les romans, articles de revues, « pamphlets », enquêtes sociologiques ou historiques. Le caractère répétitif des observations indique que la représentation qui en est donnée n'a guère subie d'altération entre les années quarante et le début du XXᵉ siècle.

Ce qui change, c'est le ton et les méthodes. Dans une première catégorie, on peut ranger ceux qui par l'utilisation de techniques d'enquêtes rigoureuses peuvent être tenus pour les précurseurs des sociologues modernes notamment Henry

Mayhew[6] et plus tard Charles Booth[7], mais aussi dans une certaine mesure Friedrich Engels[8] ou James Grant.

Dans une seconde catégorie, on trouvera les essayistes qui entreprennent de témoigner de leur expérience sociale : tels Thomas Wright, George Augustus Sala[9], R.W. Vanderkiste[10], James Greenwood, Jabez Burns[11], John Hollinghead[12], George R. Sims, Walter Besant, John Matthias Weylland[13], ou William Booth. Enfin certains romanciers réalistes ou populistes qu'attire la « grande question sociale » : tel Thomas Wright[14], George Gissing.

Réservons une place à part à Charles Dickens, dont *Bleak House*, notamment, reconstruit puissamment la société de son temps : la condition des travailleurs occasionnels et des vagabonds avec Jo « *the outlaw with a broom* »[15], le taudis de Tom-All-Alone's à *Holborn*, la philanthropie « télescopique » de Mrs Jellyby, la « charité rapace » de Mrs Pardiggle, ou le destin des orphelins des *workhouses* avec Guster. Les projets et les motivations hétérogènes de ces différents auteurs, leurs partis pris contradictoires, leurs talents inégaux aussi donnent à leurs écrits une coloration naturellement très différente. Néanmoins quel que soit le point de vue adopté, l'image qu'ils retranscrivent est celle de quartiers et de populations dévorés par la pauvreté, l'ignorance et l'immoralité.

On voit que la question et la condition des classes laborieuses et celle de la morale populaire apparaissent, du point

---

6. — Henry Mayhew, *London Labour and the London Poor*, 4 vol., New York, Dover Publications, 1968 [1861-62].

7. — Charles Booth, *Life and Labour of the People of London*, 17 vol., London, 1902.

8. — Friedrich Engels, *The Condition of the Working Class in England*, London, 1845.

9. — G.A. Sala, *Gaslight and Daylight, With Some London Scenes they Shine Upon*, London, 1859.

10. — R.W. Vanderkiste, *Notes and Narratives of a Six Years' Mission Principally Amongst the Dens of London*, 1852.

11. — Jabez Burns, *Retrospect of Forty Five Years Ministry*, London, 1875.

12. — John Hollinghead, *Ragged London in 1861*, London, 1861.

13. — Matthias Weylland, *Fifty Years Ago*, London, 1888.

14. — Thomas Wright, *Johny Robinson*, 2 vol., London, 1868 ; *The Bane of Life,* London, 1870.

15. — Charles Dickens, *Bleak House*, ed. by George Ford and Sylvère Monod, New York, London, W.W. Norton & Company, 1977 (1853), p. 197.

de vue religieux, comme du point de vue laïque, comme l'objet d'une grave menace, à tout le moins comme un signe de dysfonctionnement dans un corps social sain.

Les questions de morale et notamment de morale sexuelle ne sauraient bien sûr être limitées aux seules préoccupations des Victoriens pour la classe populaire. Une partie des classes moyennes — celle qui adhère de la façon la plus étroite aux principes non-conformistes — et les éléments les plus politisés de la classe ouvrière, considèrent que l'attitude sexuelle dévoyée d'une partie de l'aristocratie et de la classe moyenne est condamnable parce qu'elle contribue au déclin d'une Angleterre forte et morale.

Une force essentielle militait depuis la fin du XVIIIe siècle pour une purification des mœurs : le mouvement évangélique qui influence à la fois l'Eglise anglicane et les non-conformistes. Ce mouvement religieux exerce une influence déterminante sur le code de morale sexuelle, car plus qu'aucun mouvement spirituel contemporain, c'est sur le « foyer ». comme bastion des valeurs morales qu'il concentre son attention.

Hugh McLeod décrit la manière dont l'évangélisme influençait les consciences :

> ...[it] limited the intellectual alternatives opened to the potential convert by filling his mind with the question of his own Salvation, with the absolute need for personal religious experience, and with the hell that lay in the background. And what internal compulsion could not achieve might be brought about by the appeals of parents and fiancées, the finger-pointing of neighbours or the mass emotion of revivalist meetings in communities where the unconverted could become marked man.[16]

Matthew Arnold, tout en adhérant sur le plan des principes à ce code moral, en fera une critique virulente dans ce qu'il appelle l'hébraïsme des Philistins.

Les auteurs, les maîtres, les prêtres, les médecins vont s'appliquer à modifier les comportements. Le système de

---

16. — Hugh McLeod, *Class and Religion in the Late Victorian City*, London, Croom Helm, 1974, p. 217.

valeurs qui tolère les relations pré- ou extra-maritales pour les hommes fait l'objet de leur part de violentes attaques. On s'adresse au chef de famille pour dénoncer l'ostracisme que subissent les femmes alors que les hommes se trouvent épargnés.

> *By condemning the seducer to his share of opprobrium, the heads of society might introduce a new moral influence most favourable to the cause of innocence, virtue, and social order.*[17]

Quelques années plus tard, le pasteur Henry Butter dans un pamphlet intitulé de façon provocatrice *What's the Harm of Fornication?* soutient qu'avant de s'unir sexuellement à son épouse, le fornicateur repenti doit s'imposer l'abstinence :

> *A mental quarantine, say, of not less than six months: in other words, he ought for a considerable time, to abstain not only from lascivious acts and practises, but also from encouraging unchaste thoughts, so as to have a well- grounded assurance that he has effectually abandoned his vicious practises, and is determined for the future to pursue a virtuous course, such as may become a Christian husband and father.*[18]

Des voix s'élèvent pour exiger que les fornicateurs soient exclus à leur tour de la société et punis. Ainsi, William Logan en 1843 :

> *Why not shun the seducer as well as the seduced?... 'Whoremongers shall have their part in the lake which burneth with fire and brimstone'. Let their names be brought to light, that respectable people may know whom to shun.*[19]

On redoute que la civilisation de la Grande-Bretagne soit mise en danger par l'absence de morale de certaines classes de la société, ouvriers, aristocrates ou bourgeois, et l'on

---

17. — Anon., *The Servant Girl in London Showing the Dangers to Which Young Country Girls are exposed on their Arrival in Town...* respectfully dedicated to all Heads of Families and Benevolent Societies, London, 1840, p. 45.

18. — Henry Butter, *What's the Harm of Fornication*, London, 1865, p. 5.

19. — William Logan, *An Exposure from Personal Observations of Female Prostitution in London, and Rochdale, and Especially in the City of Glasgow*, Glasgow, 1843, p. 38-39.

s'emploie pour restaurer la force morale du pays à dénoncer l'immoralité et à convaincre les pécheurs de la nécessité de l'éradiquer. Il s'agit pour chacun de se soumettre plus rigoureusement au code de morale chrétien devenu la pierre angulaire de la cohésion nationale.

Ces mesures sont proposées par leurs auteurs dans le but de régénérer la « race » et la société anglaise ; Matthew Arnold dans *Culture and Anarchy* ne pourra se défendre de son côté de reconnaître que le puritanisme ne rend guère la vertu aimable.

Au-delà de toutes les réactions que l'on pourrait qualifier d'immédiates aux situations diverses qui existent dans la société britannique victorienne, des économistes, des philosophes, des intellectuels tentent d'analyser en profondeur leur temps, de découvrir des règles présidant à son évolution, de faire, comme Matthew Arnold lui-même, œuvre de critique politique et sociale.

Alors que les libéraux anglais fondent leur système et leur analyse sur une interprétation pragmatique des principes d'Adam Smith, on se souvient de la théorie de Malthus concernant la croissance de la population et celle des ressources. Les économistes classiques et certains de leurs adeptes néo-classiques comme John Stuart Mill, Henry Fawcett ou J.E. Cairnes, avaient posé l'existence de la détérioration inévitable d'une société où la masse du capital cesserait un jour d'augmenter, ou qui atteindrait au mieux un état stationnaire ; même si, pour John Stuart Mill, cet état stationnaire des capitaux se révèle finalement souhaitable puisqu'il est censé mettre fin à la compétition impitoyable entre les capitalistes[20]. Cette analyse économique engendrait une vision fondamentalement pessimiste de l'évolution sociale. Le progrès des classes laborieuses était lent et les interventions possibles pour l'accélérer forcé-

---

20. — John Stuart Mill, *Principes d'économie politique*, trad. franç., 1873, tome II, p. 304-305 : « Le meilleur état pour la nature humaine est celui dans lequel personne n'est riche, personne n'aspire à devenir plus riche et ne craint d'être renversé en arrière par les efforts que font les autres pour se précipiter en avant. »

ment limitées. Quant à l'action des organisations ouvrières, elle risquait de perturber l'équilibre précaire entre salaires et capital. Seules les qualités de caractère et un sort favorable pouvaient laisser espérer à quelques individus une vie meilleure.

Or, le libéralisme classique sera bientôt contesté. A l'origine de cette révision se trouve l'école d'Oxford, dont la pensée philosophique allait influencer la pratique philanthropique d'une part et la conception du rôle de l'Etat d'autre part. Pour Thomas Hill Green, l'homme est fondamentalement social et non pas égoïste comme l'avaient cru les utilitaristes. Ainsi les hommes sont soumis à l'intérêt général, qui est la conscience commune d'une fin commune. Cet idéalisme social, auquel pourront adhérer les Gladstoniens comme les socialistes, déterminera des relations radicalement différentes avec les syndicats, les coopératives ouvrières, ou les sociétés mutualistes. Une telle conception philosophique et politique trouve d'autant mieux sa place dans le contexte victorien de la deuxième partie du siècle que la disparition du chartisme, l'émergence d'un syndicalisme sage et la relance économique de la fin des années soixante et du début des années soixante-dix, semblaient annoncer une ère nouvelle où la situation des classes productives cesserait d'hypothéquer les possibilités de développement de la société.

Une personnalité presque exclusivement tournée vers ses préoccupations théologiques comme le Cardinal Newman dénonce ce qu'il appelle la dix-septième « proposition du libéralisme » qui aurait pu être « *The people are the legitimate source of power. Therefore, e.g. Universal Suffrage is among the natural rights of man* », et la dix-huitième et dernière proposition qui devrait être :

> *Virtue is the child of knowledge, and vice of ignorance. Therefore e.g. education, periodical literature, railroad travelling, ventilation, drainage, and all the arts of life, when fully carried out, serve to make a population moral and happy.*[21]

---

21. — John Henry Cardinal Newman, *Apologia Pro Vita Sua*, Boston, Houghton Mifflin Company, 1956 (1864), p. 277.

Tentons maintenant d'esquisser le paysage intellectuel dans lequel s'inscrit l'œuvre de Matthew Arnold. Trois grands « intellectuels », ses prédécesseurs ou ses contemporains, s'imposent de prime abord : Thomas Carlyle, John Stuart Mill et John Ruskin. Par intellectuels, nous entendons, selon l'acception française du terme, les hommes ou les femmes, dont la profession est généralement liée à l'université, à la création littéraire ou à la presse, et qui s'attachent par leurs prises de position et leurs publications à produire une analyse critique de la société de leur temps.

Thomas Carlyle est historien et critique. Dans son œuvre il se fait le défenseur de la justice sociale, tout en étant convaincu du rôle des grands hommes dans l'histoire.

Il a immensément marqué son temps par sa pensée et par ses écrits. D'une part, il fut l'un des premiers auteurs à faire état publiquement d'une crise morale personnelle et de doutes religieux qui l'avaient placé à la frontière de l'athéisme. Il en a rendu compte dans *Sartor Resartus*, une œuvre difficile qui est, dans la tradition de Goethe, un *Bildungsroman*. Nietzsche fut très impressionné par l'ouvrage et exprima seulement le regret que Carlyle ne soit pas allé jusqu'au bout de son cheminement spirituel logique en adoptant l'athéisme.

Bien évidemment, l'ouvrage qui a le plus retenu l'attention des contemporains de Carlyle est sa magistrale *History of the French Revolution*. Il faut se rappeler qu'au moment où il la rédige, l'événement est encore très présent dans les mémoires et surtout dans les imaginations. Conscient de l'aspect épique de la période, Carlyle prépara la rédaction de ce livre non par la lecture d'ouvrages d'histoire de France mais par celle d'Homère et de Dante. Dans cette histoire de la Révolution française, il s'attarde en particulier sur les vastes mouvements de foules et sur la violence des masses. Pour lui, il existe en chaque homme ce que Freud appellerait un *id* qui correspond à ses plus bas instincts. Lorsqu'à l'occasion d'une crise collective cet *id* est libéré, cela donne « les Sans-culottes ».

Il ne réduit cependant pas la Révolution à cette seule violence pittoresque et sanglante que soulignent si volontiers les critiques anglais de la Révolution française (James Gillray, etc). Il y a pour lui dans le mouvement révolutionnaire un effet purificateur semblable à l'action d'un volcan qui laisse derrière lui des formes nouvelles. Les masses sont cependant condamnées à demeurer dans leur condition parce qu'elles sont incapables de concevoir et d'exprimer leurs aspirations. Il distingue deux catégories : ceux qui parlent, *the speaking class*, et *the active class*, ceux qui agisssent. Comme Engels, il pense que ce sont ceux qui agissent qui font avancer l'histoire mais il reste d'un pessimisme total sur leurs possibilités de sortir de leur condition.

Engels, très impressionné par ce livre fera l'éloge de Carlyle. Il voit dans la manière de Carlyle une réaction violente « contre le style maniéré des bourgeois anglais ».

Par ailleurs, certains historiens actuels, comme Gareth Stedman Jones, le tiennent pour le seul auteur du XIXe siècle à avoir eu prescience des embrasements généralisés que connaîtra le XXe siècle. John Stuart Mill (qu'on ne peut certes pas compter au nombre des amis politiques de Carlyle) lui aussi très intéressé par l'histoire de la Révolution française, et avec qui Carlyle s'était longuement entretenu de son projet, écrira une critique très élogieuse de l'ouvrage.

Notons que Carlyle n'était ni un philosophe, ni même un économiste, ou un politologue, mais un homme de lettres, un historien et un polémiste. Il est parvenu à une analyse de la société par l'intermédiaire d'une démarche historique et de sa passion pour la chose publique. Sa vision de la société est dans l'ensemble pessimiste et il ne propose que des solutions visant à l'instauration d'une nouvelle féodalité dans laquelle le pouvoir serait exercé par une aristocratie d'hommes supérieurs.

Au lendemain du deuxième *Reform Bill*, il exprima le pessimisme que lui inspirait ce qu'il redoutait être la tyrannie du nombre, dans un ouvrage mémorable intitulé *Shooting Niagara: and After?*. Il voit dans la démocratie parlementaire, un système où le compte des voix deviendrait la Cour d'appel divine sur l'ensemble des intérêts de l'humanité, et qui serait le pendant du machinisme industriel qu'il a dénoncé tout au long de son œuvre.

Certains passages de « Signs of the Times », article publié dès 1829 dans la *Westminster Review*, ainsi que certains passages de *Heroes, Hero-Worship and the Heroic in History* (1840) ou de *Past and Present* (1843) annoncent le ton de *Culture and Anarchy* :

> ...*The world has been rushing on with such fiery animation to get work and ever more work done, it has had no time to think of dividing the wages; and has merely left them to be scrambled by the law of the Stronger, law of Supply-and-Demand, law of Laissez-faire...*[22]

S'il est incontestable que Carlyle a été l'initiateur de la réflexion critique sur la société anglaise, une telle démarche ne pouvait laisser indifférent un intellectuel tel que John Stuart Mill. Ainsi que l'écrit Stefan Collini dans *Public Moralists*, Mill « *was as inescapable a presence at the intellectual level as Gladstone was in the practical sphere* »[23]. En particulier, dans les quinze dernières années de sa vie, alors qu'il avait été élu député et était devenu un personnage public, John Stuart Mill exerça une influence sur ses contemporains, et se félicitait lui-même d'avoir obtenu leur attention.

Le rédacteur en chef de la *Fortnightly Review*, John Morley, écrivait en 1873 en guise d'hommage posthume à Mill :

> *If [his countrymen] did not accept his method of thinking, at least he determined the question they should think about... He is the only writer in the world whose treatises on highly abstract subjects had been printed during his life-time in editions for the people and sold at the price of railway novels.*[24]

Vers la fin de sa vie, John Stuart Mill aimait à se représenter son rôle comme celui d'un guide clairvoyant qui précèderait la masse de ses concitoyens pour leur montrer le chemin à suivre, d'un radical laïque, démocrate, égalitariste, prêtant une oreille favorable au socialisme et à l'émancipation des femmes[25].

---

22. — Thomas Carlyle, *Past and Present*, London, Dent, 1960 (1843), p. 21.
23. — Stefan Collini, *Public Moralist: Political Thought and Intellectual Life in Britain*, Oxford, Clarendon Press, 1994 (1991), p. 122.
24. — Stefan Collini, *op. cit.*, p. 123.
25. — Stefan Collini, *op. cit.*, p. 129.

Cependant, la pensée de John Stuart Mill allait subir une évolution profonde : d'abord soumis à l'influence de son père James Mill et de Jeremy Bentham — il considérait alors que le peuple devait entretenir un sentiment de déférence et de soumission dans le domaine de la morale et de la politique vis-à-vis de ses gouvernants[26] ; dans la seconde partie de sa vie, il reformulera sa conception de la liberté dans *On Liberty* et *Thoughts on Parliamentary Reform* (1859). Entendue comme liberté d'opinion et d'action, la liberté est nécessaire désormais à ses yeux pour fonder et rendre effectif l'exercice de la citoyenneté. De surcroît, cet exercice de la citoyenneté est un moyen éducatif qui permet de « cultiver l'esprit public et l'intelligence ». Les ouvriers, les femmes, les minorités en général, doivent avoir accès à la vie politique et y participer.[27]

C'est en utilisant son pouvoir de citoyen que l'individu se sent responsable à l'égard des autres et apprend à dépasser son intérêt privé pour envisager l'intérêt général. On voit là que John Stuart Mill s'était éloigné de l'utilitarisme de Bentham et qu'il résoud désormais l'opposition intérêt privé / intérêt collectif en lui substituant l'agencement des différentes libertés individuelles. L'antagonisme des intérêts est ce qui fait vivre la démocratie et permet d'organiser la société. L'Etat dès lors voit sa fonction considérablement réduite. Mais la dissémination du pouvoir doit aller de pair avec la centralisation de l'information et sa rediffusion. La liberté est pour Mill le signe et le sens du progrès.

Dans son *Autobiography* (1873), John Stuart Mill rend compte de son évolution, il qualifie le choix d'institutions politiques « comme une question de morale et d'éducation plus que comme une question d'intérêts matériels ». Il ne s'agit plus de considérer de façon primordiale que le bonheur naît de la liberté de pouvoir organiser sa vie et de participer à la citoyenneté. L'optimisme rationaliste de Mill conçoit la politique comme le moyen de ce progrès.

---

26. — Letter of November 1829 to Gustave Eichal.
27. — Voir *The Subjection of Women*, London, 1869.

Matthew Arnold dira dans *A French Eton* que John Stuart Mill, tout en n'étant sans doute pas « un aussi grand esprit » que l'estimaient certains de ses contemporains, était un homme « exceptionnellement fin, ardent et intéressant ». Il était loin pourtant des idées développées par John Stuart Mill auxquelles il s'opposait en particulier sur deux points : l'incapacité du philosophe à s'abstraire d'un système, d'une discipline, d'une école[28] et l'absence de rôle réservé à l'Etat dans le système éducatif. Là où John Stuart Mill souhaitait, en bon disciple de Tocqueville, que la garantie de la liberté repose sur la diversité des initiatives privées, Matthew Arnold est partisan de remettre la direction de l'éducation entre les mains de l'Etat, « *[to] bring the instruction in [schools] under a criticism which the stock of knowledge and judgement in our middle classes is not at present able to supply...* »[29].

L'essai *On Liberty* de Mill représente la parfaite illustration de la défense du libéralisme. Cependant, pour Matthew Arnold, Mill n'est pas l'avocat du libéralisme industriel vulgaire.

Il admirait l'ouvrage et son auteur : « *one of the few books that inculcate tolerance in an unalarming and inoffensive way* ». Il savait que Mill écrivait pour défendre deux qualités qu'il apprécie lui-même : « *fineness and sensitivity* ». Les deux hommes partagent une même foi dans le progrès humain. Pour eux, le devoir de l'homme est de s'améliorer moralement et spirituellement. Ils font profondément confiance à la raison. Mais, et c'est là un des points de divergence entre John Stuart Mill et Matthew Arnold : Mill est persuadé que la libre évocation de la raison est suffisante pour affirmer son pouvoir, alors qu'Arnold pense que la raison justifie l'emploi de la force, seule capable de lui conférer du pouvoir. D'où leurs conceptions fondamentalement opposées du rôle de l'Etat dans la société.

Mill a une conception « atomique » de la société dans laquelle il voit l'agrégation d'individualités pleinement épa-

28. — *CA*, p. 78.
29. — *Democracy*, p. 19.

nouies acceptant de sacrifier certains droits pour créer un contrat de défense. Arnold en a une conception « organique » : l'individu ne se fond pas dans la société mais il en procède, il en tire ses qualités et ses droits individuels qui ne sauraient de ce fait, être opposés à ceux de la collectivité.

Par des voies différentes, l'un et l'autre s'intéressent à des questions proches. C'est pourquoi Raymond Williams peut écrire :

> *Mill's attempt to absorb, and by discrimination and discarding to unify, the truths alike of the utilitarian and the idealist positions is, after all, a prologue to a very large part of the subsequent history of English thinking: in particular, to the greater part of English thinking about society and culture.*[30]

Constatons par ailleurs l'importance accordée aux phénomènes esthétiques et culturels dans l'élaboration d'une analyse sociale. John Stuart Mill, pour qui la pensée est inséparable de la sensibilité, consacre un long essai au rôle de Samuel Taylor Coleridge. « *All truth is a species of revelation* »[31], écrit Coleridge dans une lettre à Wordsworth. Coleridge appartient à cette catégorie de penseurs du XIXe siècle, dans laquelle on trouve également Thomas Carlyle et John Henry Newman, à laquelle il est souvent fait référence sous le nom de « Sage ».

Collini écrit dans *Public Moralists* :

> *Typically, [the sage] is not so much attempting to* argue *his readers out of false beliefs as to reveal to them—or, better still, to put them in the way of discovering for themselves—the limitations of that perception of the world upon which they purport to base all their beliefs.*[32]

Dans *On the Constitution of Church and State* (1830), Coleridge propose l'organisation d'une société en trois grands ordres : les propriétaires terriens, les négociants et les industriels, et ce qu'il appelle *the clerisy* ou encore *National Church*.

---

30. — Raymond Williams, *Culture and Society 1780-1950*, Penguin, 1961 (1958), p. 65.
31. — Letter to Wordsworth, 30th May 1815.
32. — Stefan Collini, *op. cit.*, p. 134-135.

Qu'entend-il par *clerisy* ? « *...in its primary acception and original intention, [it] comprehended the learned of all denominations; the Sages and professors of all the so-called liberal arts and sciences* ». Dans sa préface à *Culture and Anarchy*, Matthew Arnold donne une définition de l'église qui n'est pas très éloignée de cette *National Church*.

Autre intellectuel influent, John Ruskin qui se fit connaître d'abord par des œuvres d'histoire telles que *The Seven Lamps of Architecture* (1849) et *The Stones of Venice* (1851-53).

Mais au-delà de la description et de l'histoire de l'art, Ruskin s'engage dans une critique de l'époque contemporaine, de la science et du matérialisme. Il s'attaque personnellement à ce qu'il appelle la « prétendue science » de Mill et de Ricardo notamment dans *Unto This Last* (1860) et dans *Essays on Political Economy* (1862-63). Au nom de la beauté, il combat l'économie politique, l'esprit de concurrence, l'individualisme, et il préconise un retour à des idéaux héroïques et chrétiens datant de l'époque de la féodalité médiévale. Le Moyen Age est pour lui l'apogée des maîtres artisans et des moines pour lesquels *Laborare est orare* : ils construisaient de leurs mains des objets de beauté afin de mieux célébrer Dieu. Cette admiration qu'il porte au Moyen Age le pousse à être le conseiller, l'ami et le défenseur des Pré-Raphaélites, en particulier de John Everett Millais, Dante Gabriel Rossetti et William Morris. Professeur à Oxford, ses idées et ses méthodes d'enseignement lui vaudront une carrière agitée.

Son influence fut immense en dehors même de l'Angleterre. On sait combien Marcel Proust notamment fut séduit par l'esthétique de John Ruskin dont il traduisit *Sesame and Lilies*. Saisi d'enthousiasme, Marcel Proust ne peut s'empêcher de truffer l'œuvre de notes et de commentaires personnels abondants, qui établissent une sorte de dialogue entre les deux auteurs. L'influence de John Ruskin fut également considérable dans le mouvement ouvrier anglais. Il enseignera en effet pendant des années au *Working Men's College*. A Oxford, un collège réservé aux étudiants issus du monde du travail porte aujourd'hui son nom. Cependant sa pensée sociale n'envisage pas d'amélioration de la condition ouvrière en tant que telle. Il ne s'intéresse pas à l'éducation populaire de masse et ne voit de promotion pour le prolétariat que dans l'accession à une sorte de maîtrise artisanale.

Ses relations avec les écrivains de son temps sont parfois difficiles : George Eliot, qui avec *Adam Bede* et *Felix Holt, the Radical*, avait affirmé son intérêt pour la condition du peuple et la question sociale, le qualifie de *Tory*. Cependant elle-même ne tardera pas à partager la grande peur qui s'empare de nombreux intellectuels au lendemain de l'adoption du second *Reform Bill*[33]. Tout comme Carlyle, Ruskin et Matthew Arnold, elle craindra de voir la réforme électorale menacer la propriété, la civilisation, la culture. C'est pourquoi elle acceptera à la demande de son éditeur de faire précéder la réédition de *Felix Holt* en janvier 1868 d'un appel adressé aux futurs électeurs pour les mettre en garde contre toute tentation de détruire l'ordre social et l'héritage culturel de l'Angleterre par des choix trop radicaux.

Cette crainte, qui se révèlera non fondée, n'était pas partagée par John Stuart Mill qui se faisait le chantre de la fonction civilisatrice de la classe ouvrière, non plus que par de nombreux jeunes libéraux. Chez les *Tories* même, le futur Premier ministre, Benjamin Disraeli, manifestera son soutien à l'élargissement du suffrage universel en 1867[34]. Dans son roman, *Sybil or the Two Nations* (1845) déjà, Disraeli avait cette vision optimiste d'une nation réconciliée par le mariage symbolique de la jeune fille du peuple avec un aristocrate.

Parmi les intellectuels, n'oublions pas les comtistes, qui autour de Frederic Harrison et John Morley, considèrent les syndicats comme la force civilisatrice de la classe ouvrière. C'est dans cette même tradition que John A. Hobson, L.T. Hobhouse, et plus tard George Trevelyan et l'économiste William Henry Beveridge, inscriront le nouveau système libéral et s'appuieront sur le *Labour Party*[35].

---

33. — Cette seconde loi électorale élargit le corps électoral et admet le vote de non-propriétaires.
34. — Il est alors *Chancellor of the Exchequer*.
35. — Le *Labour Party* sera finalement fondé en 1906.

Citons pour mémoire quelques autres penseurs influents de l'époque : le vieil adversaire du Dr Thomas Arnold, le Cardinal John Henry Newman, pour qui tout le mal provenait de l'apostasie de la Grande-Bretagne. Evoquons également le groupe des *Christian Socialists* (dont plusieurs sont cités par Matthew Arnold). Leur chef de file était Charles Kingsley qui avait posé de façon dramatique les problèmes sociaux engendrés par certaines pratiques industrielles (*sweating system*, emploi de la main d'œuvre enfantine, etc.) et qui préconisait pour les combattre l'application d'un « christianisme musclé ». Le groupe comptait aussi F.D. Maurice, professeur de philosophie morale à Cambridge, qui fonda en 1854 un *Working Men's College*. Il faut enfin rappeler l'influence de William Bagehot, qui fut rédacteur en chef de *The Economist* pendant dix-sept ans et auteur notamment d'une histoire de *Lombard Street*, analyse très approfondie des marchés financiers de la *City*. Bagehot est avant tout connu comme l'auteur du grand classique de philosophie politique, *The English Constitution*, paru en 1867, dans lequel il analyse avec justesse la part des pouvoirs symboliques (*dignified parts*) et celle du rôle fonctionnel (*efficient parts*) de la monarchie britannique. Cédant au pessimisme ambiant au lendemain du vote du deuxième *Reform Bill*, il devait faire précéder la seconde édition en 1872 de *The English Constitution* d'une nouvelle préface où il exprimait ses craintes quant à l'avenir des institutions et de la société britannique.

Pourquoi, parmi toutes ces voix, accorder une place particulière à Matthew Arnold ? Collini l'explique en termes non dénués d'humour :

> *Less original than Coleridge, less prophetic than Carlyle, less profound than Newman, less analytic than Mill, less passionate than Ruskin, less disturbing than Morris—Arnold is more persuasive, more perceptive, more attractive, and more readable than any of his peers.*[36]

---

36. — Stefan Collini, *Matthew Arnold*, Oxford, Oxford University Press, 1988, p. 1.

Chapitre IV
Un traité de morale politique contemporaine

Si la pensée de Matthew Arnold — qui se défend par dérision d'avoir « *a philosophy based on interdependent, subordinate, and coherent principles* » (*CA* 151) — devait être rapprochée d'une doctrine philosophique, ce serait sans doute de celle de Spinoza. Arnold a consacré un essai à l'œuvre du grand philosophe hollandais qui s'est tant battu pour une interprétation plus généreuse des Ecritures et pour la tolérance. Pour Arnold comme pour Spinoza l'éthique est la doctrine des principes moraux destinés à assurer *le bonheur de l'homme*.

Car telle est la réponse que notre auteur entend donner aux interrogations confuses de son temps : une méthode pour penser juste et développer l'esprit humain.

L'humanité tend depuis le début du monde vers un seul but : le perfectionnement et le salut de l'homme. Il y a dans l'être humain un désir inné qui le porte à élaborer des disciplines spirituelles destinées à un objet auguste et admirable : « *[to] feel [...] after the universal order* », « *[to] be partakers of the divine nature* » (*CA* 127).

La certitude d'une transcendance, l'amour de Dieu, ont ainsi toujours façonné l'histoire des hommes.

Cette aspiration à se perfectionner toujours davantage, Matthew Arnold lui donne le nom de *culture*.

Dans sa préface notamment il développe l'idée qu'il faut accroître à présent le rôle de la culture. Dans la situation critique où se trouve une grande partie de l'humanité et notamment l'Angleterre, il convient de mettre tout en œuvre pour progresser vers « *the harmonious perfection of our whole being* » (*CA* 200).

Le perfectionnement humain ne saurait s'effectuer autrement que par l'épanouissement de tous les aspects de l'homme et de toutes les parties de la société.

Ce qui forme le socle de la théorie arnoldienne c'est la ferme croyance « *in right reason, in the duty and possibility of extricating and elevating our best self, in the progress of humanity towards perfection...* » (*CA* 180).

Ainsi s'impose comme réponse à la confusion sociale la conviction que l'humanité, dont le seul but est la culture, ne saurait se laisser écarter de ce mouvement général par des désordres et des violences. La culture est l'ennemi le plus résolu de l'anarchie, ses adeptes doivent s'y opposer sans fléchir car « *without order there can be no society, and without society there can be no human perfection* » (*CA* 181).

Si pour Matthew Arnold il est un projet universel de l'humanité, en revanche les moyens pour y parvenir sont fortement historicisés. Ils sont fonction de l'état spirituel, de la situation sociale et politique des peuples et des pays à un moment donné.

Notre auteur ne conçoit son traité de morale politique que dans le cadre du développement historique de l'humanité. A tout le moins de cette partie de l'humanité qui seule retient son attention, celle qui vit en Europe occidentale, aux confins de la Méditerranée et en Amérique du Nord.

La capacité d'atteindre ce but résulte de l'équilibre ou du déséquilibre produit par l'alternance de deux forces « *divid[ing] the empire of the world between them* » (*CA* 126) et qui se partagent également la personnalité de chaque être humain. Ces deux forces, ces deux pôles d'influence, Arnold les nomme hébraïsme et hellénisme, noms qu'il emprunte à deux « races d'hommes », les Hébreux et les Grecs, chez lesquels ces deux grandes forces étaient selon lui particulièrement développées.

Mais si le développement de ces forces coïncide avec l'évolution de l'humanité, l'erreur commune, jusqu'à présent, a été de considérer l'une ou l'autre d'entre elles comme la source du progrès. Or, pour Arnold, il est essentiel de se convaincre du fait que ni séparément, ni ensemble, ces deux forces ne dominent l'esprit humain. Elles ne sont que des « contributions » au perfectionnement de l'homme.

L'esprit des hommes, à ses yeux, est « *wider than the most priceless of the forces that bear it onward and [...] to the*

whole development of man Hebraïsm itself is, like Hellenism,
but a contribution » (*CA* 133).

L'hébraïsme dont Arnold tirera le terme pour lui péjoratif « hébraïser » n'est pas en soi une forme mauvaise, bien au contraire (par contraste avec ce qu'en pensait Henrich Heine à qui Arnold a emprunté cette appellation). On trouve dans le peuple hébreux, développés à leur point le plus élevé : « *this energy driving at practice, this paramount sense of the obligation of duty, self-control, and work* » (*CA* 126), « *conduct and obedience* » (*CA* 127). La soumission à la parole de Dieu a ainsi donné au peuple hébreux l'assurance qu'il pouvait s'adapter au plus près, à chaque instant de sa vie, dans chacune de ses pensées, à la volonté divine.

Les Hébreux à cet effet se sont efforcés de maîtriser leur corps, leurs émotions, leurs passions.

Développer la fibre morale, résister aux tentations du Mal, forme le moteur essentiel de l'hébraïsme. On trouvera bien dans la bouche de Salomon par exemple l'éloge du savoir par opposition avec l'obéissance aveugle aux commandements qui est habituellement prônée — mais pour l'essentiel l'hébraïsme est retenue des passions, frein des émotions, obsession de la transgression et du péché contre la loi divine.

Les Hébreux, puis les chrétiens ont élaboré une conception effrayante de l'homme, celle d'un captif « *unhappy, chained [...], labouring with groanings that cannot be uttered to free himself from the body of this death* » (*CA* 131).

Rappelons toutefois que sous son angle le plus positif, l'hébraïsme, c'est aussi la volonté d'agir, de bien agir.

En rivalité avec cette discipline spirituelle qu'est l'hébraïsme, Arnold distingue une seconde force, un autre pôle d'influence, dont l'importance a marqué notre monde : l'hellénisme. Dans la théorie d'Arnold, l'hellénisme est représenté essentiellement par la Grèce du Ve siècle : le siècle des grands dramaturges — Eschyle, Sophocle et Euripide, pour la tragédie, Aristophane pour la comédie ; le siècle qui a inventé l'histoire avec Hérodote et Thucydide ; le siècle des grandes constructions architecturales, de l'Acropole et des statues de Phidias ; le siècle d'Hippocrate qui fonde une nouvelle conception de la médecine ; le siècle enfin et surtout des philosophes : Socrate — dont Cicéron dira quelques siècles plus tard qu'il « fit descendre la philosophie du ciel jusqu'à la terre et qu'il la laisse vivre dans les villes, entrer dans les maisons en contraignant les hommes à réfléchir à la vie, aux mœurs, au bien et au mal » —, Platon et Xénophon.

L'hellénisme est le point de rencontre des philosophies de Socrate, de Platon, de Xénophon et d'Aristote.

C'est dans l'hellénisme qu'Arnold trouve la base solide pour atteindre notre but qui est la connaissance et qui réside dans la raison de l'homme.

La seconde force motrice de l'humanité est donc l'hellénisme, c'est-à-dire « *the intelligence driving at those ideas* », « *the ardent sense for all the new and changing combinations* » (*CA* 126). Il s'attache à enseigner à l'homme « *to see things as they really are* » (*CA* 127) et pour ce faire incite à développer une « *spontaneity of consciousness* » (*CA* 128).

Par opposition à l'hébraïsme qui exige avant tout la soumission et l'obéissance, l'hellénisme apparaît comme « *a turn for giving our consciousness free play and enlarging its range* » (*CA* 142).

A l'instar des autres disciplines intellectuelles, l'héllénisme doit aussi trouver un moyen de négocier avec le corps et avec ses désirs — avec tout ce qui tire l'homme vers l'animalité faute de quoi il se trouvera incapable de penser juste. Il faut donc, ainsi que l'a précisé Michel Foucault dans *Le Souci de soi* et dans *L'Usage des plaisirs* tenter de se soumettre à un certain nombre de prescriptions de nature à permettre une vie harmonieuse. Mais comme le philosophe l'a démontré,

> le souci éthique concernant la conduite sexuelle n'est pas toujours, dans son intensité ou dans ses formes, en relation directe avec le système des interdits ; il arrive souvent que la préoccupation morale soit forte là où, précisément il n'y a ni obligation, ni prohibition. Bref, l'interdit est une chose, la problématisation morale en est une autre.[1]

---

1. — Michel Foucault, *L'Usage des plaisirs*, Paris, Gallimard, 1984, p. 16.

C'est dans cette différence entre prohibition et problématique morale que réside pour Matthew Arnold la différence entre hébraïsme et hellénisme.

Le bonheur est possible ici-bas et la tâche essentielle de l'homme est « *to see things as they are, and by seeing them as they are to see them in their beauty* » (*CA* 130). Il lui faut aussi tirer avantage de « son énergie religieuse » et de sa piété.

On voit que par dessus l'image du captif douloureux que trace l'hébraïsme du destin de l'homme, se superpose l'image claire et rayonnante de ce « *gentle and simple being, showing the traces of a noble and divine nature* » (*CA* 131) que l'on trouve dans les *Memorabilia, Le Banquet* ou *La République*.

A lire *Culture and Anarchy*, on pourrait avoir le sentiment que Matthew Arnold adhère davantage à la conception hellénique de la nature humaine ; indéniablement il prend grand plaisir à accumuler les propositions concernant « *[the] aerial ease* », la beauté et la rationalité de l'idéal grec ; il se plaît à évoquer Thomas Carlyle qui dans une lettre à l'auteur de la traduction de *La République*, John Llewelyn Davies, faisait remarquer que « *Socrates is terribly* at ease *in Zion* » (*CA* 130).

Il cite Xénophon, qui dans les *Memorabilia* (IV, 86) rapporte ces propos de Socrate : « le meilleur homme est celui qui s'exerce le plus à se perfectionner et le plus heureux, celui qui sent le plus que réellement il se perfectionne ». L'idéal grec, c'est celui de la raison, de la beauté, de la clarté, de l'espoir : « *an happy idea of the essential character of human perfection* » (*CA* 66-67) ; « *the bright promise of Hellenism* » (*CA* 132).

Mais, au fond, Arnold reconnaît la faiblesse de la vertu morale et de la discipline de l'hellénisme. Pour lui, la meilleure preuve en est d'ailleurs que l'hellénisme s'estompa et disparut presque par deux fois (dans l'Antiquité et à la Renaissance).

Même si Arnold se plaît à souligner que « *the religion and poetry* » (*CA* 67) sont consubstantielles à l'art grec, il sait qu'en réalité, la tentative de mettre en œuvre cet idéal de « *sweetness and light* »[2] était prématurée, le monde était trop

---

2. — Jonathan Swift, *The Battle of the Books*, London, 1687.

jeune, « *the moral and religious fibre* » (*CA* 67) de l'humanité était trop faible encore.

Avec réalisme et optimisme, Arnold en conclut que l'hellénisme ne peut constituer une force de développement spirituel suffisante et qu'il est indispensable de le faire se combiner, dans l'être humain et dans le déroulement de l'histoire du monde, avec l'hébraïsme.

Selon les époques, le monde ressent de façon prépondérante l'attraction de l'un ou de l'autre ; l'idéal — qu'Arnold juge hors de portée — serait de « trouver un juste et heureux équilibre entre les deux ».

Ni l'hellénisme, ni l'hébraïsme ne se sont donc révélés, isolément appliqués, des moyens efficaces pour travailler au perfectionnement de l'homme, c'est-à-dire à la culture.

Culture and Anarchy se présente de ce point de vue comme un traité d'histoire culturelle. Matthew Arnold décrit comment l'alternance entre les deux forces que nous venons d'analyser a forgé l'histoire de l'homme en général, et celle de l'Angleterre en particulier.

Devant l'impuissance de l'hellénisme à aider l'homme à progresser, l'hébraïsme s'est imposé de nouveau sous la forme du christianisme, il y a dix-huit siècles.

La voie du progrès humain est passée de nouveau par le développement de la morale, en offrant « *the spectacle of an inspired self-sacrifice* » (*CA* 132).

Cette tentative de faire revivre la conscience morale des hommes a donné naissance au christianisme primitif et à l'ascétisme médiéval. Les textes des Pères de l'Eglise, les deux premiers livres de *l'Imitation de Jésus-Christ* témoignent de cette revitalisation des impulsions morales.

Cependant, un mouvement naturel de réaction contre l'hébraïsme imposa au XVIe siècle un réveil de l'hellénisme qui donnera naissance à un renouveau intellectuel. L'Italie, la France, l'Angleterre, l'Allemagne notamment connurent un grand mouvement culturel qui remettait à l'honneur l'art et la philosophie de l'Antiquité.

On cessa de ne voir en l'homme qu'un pécheur et l'on s'attacha à en souligner la dignité [3]. L'exploration et la maîtrise de la nature connaissent de nouveaux développements : Giordano Bruno, Galilée, Nicolas Copernic, Johannes Kepler construisent des théories scientifiques fondées sur l'observation et l'expérimentation. Le philosophe Francis Bacon démontre alors que « le savoir est le pouvoir ».

Mais voilà que de nouveaux humanistes de la Renaissance s'écartent du modèle hellénique. A la différence des Grecs qui insistaient sur le sens de la mesure et de la maîtrise de soi, voilà que la Renaissance manifeste un relâchement des mœurs et « *[an] insensibility of the moral fibre* » (*CA* 135).

Ce mouvement est suivi dans certains pays d'un retour à l'hébraïsme que l'on a appelé la Réforme. Pour Arnold, la Réforme n'est toutefois pas un mouvement de réaction absolue contre l'hellénisme : elle en serait plutôt l'enfant. On y trouve, en effet, constate Arnold « *the subtle Hellenic leaven of Renascence* » (*CA* 134).

La Renaissance, en modifiant l'image de l'homme, avait définitivement établi une nouvelle relation de l'homme à Dieu. De fait, la relation à l'Eglise comme organisation s'efface pour les Réformateurs devant la relation personnelle de chaque être avec Dieu.

La Bible avait été traduite de l'hébreu et du grec en langue vernaculaire : ces travaux permettent désormais à tous l'accès direct au texte sacré.

De cette parenté, pourtant, le protestantisme n'eut jamais conscience. Pour Arnold, il se conçoit seulement comme un hébraïsme purifié, c'est-à-dire qu'il affirme surtout sa supériorité morale par le retour à la Bible et à la parole de Dieu. C'est de cette réforme qu'est en partie née l'Angleterre du XIXe siècle. Bien que d'origine indo-européenne, et donc apparentée à l'hellénisme, elle a surtout été marquée par « *the assuredness, the tenacity, the intensity of the Hebrews* » (*CA* 136).

Le puritanisme qui s'est développé au XVIIe siècle n'a cependant pas l'ampleur des mouvements antérieurs. C'est un

---

3. — Giovanni Pico della Mirandola, *De dignitate hominis*, Paris, P.U.F., 1993.

courant annexe par rapport au développement général du progrès spirituel de l'humanité. La raison en est que l'humanité a évolué, et que

> *for more than two hundred years the main stream of man's advance has moved towards knowing himself and the world, seeing things as they are, spontaneity of consciousness. (CA 137)*

Voilà pourquoi en Angleterre où continue à régner la domination unique de l'hébraïsme existent la confusion et le désordre. Comme toujours lorsque l'une des deux forces vitales de l'humanité acquiert la prépondérance par rapport à l'autre, il se produit un déséquilibre qui engendre l'anarchie. Ce désordre, dans l'Angleterre du XIXe siècle, provient de ce qu'on y agit pour agir, et qu'on ne s'appuie plus sur la spontanéité de la conscience pour voir les choses telles qu'elles sont, afin de trouver une ligne de conduite ferme.

Ainsi le remède à l'anarchie anglaise est simple : l'Angleterre doit reprendre le cours général de l'histoire et cesser d'hébraïser. « *His main concern* », écrit P.J. Keating [4], « *is to awaken public consciousness to 'the sign of the times' or to use one of Arnold's many similar phrases 'the way the world is going'* ».

Notre auteur justifie cette analyse en se fondant sur l'étude du passé, et du processus historique qui anime les deux principales forces qui ont forgé le monde et l'individu. Dans l'article intitulé « My Countrymen », Matthew Arnold décrit l'histoire comme une série de vastes vagues qui déferlent les unes après les autres, portant chacune sur sa crête une nation différente.

L'heure de l'Angleterre, en tant que nation forte, va passer, prophétise-t-il, la vague va se retourner si la majorité de la nation n'accepte pas de reconnaître qu'elle est en train de se fourvoyer, de penser faux en soumettant aveuglément la conduite de sa vie à une règle morale unique qu'elle estime être le *unum necessarium*, la seule chose nécessaire.

---

4. — « Arnold's Social and Political Thought », in *Matthew Arnold*, ed. Kenneth Allott, London, Bells and Sons 1975, p. 213.

Si nulle part l'harmonie n'a régné entre l'hellénisme et l'hébraïsme, Matthew Arnold a la conviction que le peuple anglais peut à tout le moins cesser de négliger l'hellénisme qui seul conduit « *to the development of the whole man, to connecting and harmonising all parts of him, perfecting all, leaving none to take their chance* » (*CA* 145).

Le portrait qu'il fait de ses concitoyens frappés par l'hébraïsme est féroce : l'esprit étriqué, ils vivent une existence faite de querelles médiocres et de jalousie, il leur reproche la vulgarité de leurs habitations, la laideur de leurs lieux de culte, la vindicte méchante des discours d'un Murphy (*CA* 85-86) et l'absence de poésie de leurs cantiques (*CA* 146). Ils sont ignorants et violents. Ils confondent liberté individuelle et égoïsme.

Ces reproches visent essentiellement les non-conformistes — c'est-à-dire ceux qu'Arnold appelle les puritains — qui constituent la plus grande partie de la classe moyenne. Comme nous le verrons plus loin, les querelles religieuses battent leur plein en cette deuxième moitié du XIXe siècle, et l'expérience professionnelle de Matthew Arnold dans les congrégations et les écoles non-conformistes l'a convaincu que c'était dans ce milieu que se trouvaient les aspects les plus pervers de l'hébraïsme.

Entre leurs mains, le génie hébraïque a été réduit en poussière, il ne demeure que la règle seule, vidée de tout contenu. Œuvrer au salut de son âme en appliquant mécaniquement la loi de Dieu, lutter contre le péché en soi et autour de soi avec inflexibilité, telle est la seule activité humaine, le seul *Calling* ou *Beruf* [5].

L'art tout entier, la connaissance, les sentiments — sont relégués au second plan. C'est en ce sens qu'Arnold décrit la règle morale des puritains comme un « talisman ». Isolée de son contexte vivant, cette règle de conduite des puritains n'est plus qu'une simple mécanique dans laquelle l'homme perd la spontanéité de sa conscience.

_____

5. — Max Weber, *The Protestant Ethic and the Spirit of Capitalism,* London, Unwin University Books, 1968 [1930], p. 79 *et seq.*

Dans ce système, où le côté intellectuel qui se trouve en chaque homme est atrophié, chacun se contente de la satisfaction morale d'avoir suivi la règle, et en conçoit un sentiment de supériorité sur autrui. C'est ce même contentement de soi que Charles Dickens fustige dans le personnage de Mr Podsnap :

> Mr Podsnap's world was not a very large world, morally; no, nor even geographically...[6]

Mais les puritains ne sont pas les seuls à hébraïser. Les aristocrates, les libéraux, les radicaux sont tous affligés de la même habitude navrante : celle de donner une forme mécanique à leur existence.

Le plaisir, la chasse, l'exercice physique absorbent la classe aristocratique qui oublie de développer d'autres aspects de sa nature.

La poursuite des affaires, la croyance talismanique en la liberté individuelle des classes moyennes et des politiciens libéraux ; la conviction que seule l'agitation populaire, les manifestations de rues peuvent engendrer le progrès social et lutter contre l'injustice — sont autant de manifestations de cette forme abâtardie de foi qu'est « faith in machinery » (CA 63). C'est dans la première exposition de sa théorie, dans ce qui est à présent le chapitre premier de Culture and Anarchy, que Matthew Arnold donne l'une des illustrations les plus impressionnantes de l'effet de l'hébraïsation sur la vie politique et économique de l'Angleterre.

Dans ce passage, il met en pièce la foi en la prospérité et la supériorité de son pays. Il pourfend l'esprit incarné par le Prince Albert, l'un des artisans de cette célébration de la grandeur britannique qu'avait été vingt ans plus tôt l'Exposition Universelle de 1851. Il insulte personnellement la foule des visiteurs qui continue à faire de Crystal Palace l'un de leurs endroits favoris d'instruction et de détente.

Il attaque directement le benthamiste John Arthur Roebuck, conseiller de la reine Victoria qui, on l'a vu, dans un

---

6. — Charles Dickens, Our Mutual Friend, London, 1864-65, chapter 11.

discours prononcé à Sheffield en août 1864, se réjouissait du bonheur de l'Angleterre.

Cette foi dans la mécanique, affirme-t-il, est dangereuse parce qu'on la tient pour une valeur et qu'on oublie qu'elle ne doit être considérée que par rapport à son utilité.

> *Machinery, as if it had a value in and for itself. What is freedom but machinery?*

demande notre iconoclaste.

> *What is population but machinery? What is coal but machinery? What are railroads but machinery? What is wealth but machinery? What are, even, religious organisations but machinery?* (*CA* 63)

La tendance à hébraïser qui touche toute la société anglaise manifeste à l'évidence l'incapacité de cette dernière à percevoir les choses dans leur vraie nature, et l'immense tendance nationale à produire des idées fausses, à se tromper, et à tromper les autres.

« Qui est-ce qu'on trompe ici ? »[7] En qualifiant de mécanique la religion, l'activité industrielle ou la liberté individuelle dans leur forme victorienne, Matthew Arnold entend souligner leur caractère trompeur et leur fausseté.

Ce caractère ne porte pas sur leur essence — qui naturellement échappe à toute qualification morale — mais sur l'usage qui en est fait.

Ces dispositions ou ces activités sont fausses et néfastes parce qu'elles sont adaptées ou développées de façon rigide ou pour de mauvaises raisons.

Matthew Arnold reprend ici le concept d'ajfui~a qu'au 1er siècle le stoïcien Epictète définit dans *L'Eucheridion* (XLI). Arnold, on s'en souvient, apprécie l'enseignement des stoïciens et consacre à Marc Aurèle un essai publié dans le *Victoria Magazine* en 1863.

L'ajfui~a est le manque de finesse, la grossièreté :

---

7. — *Le Barbier de Séville*, III, 11, aparté de Basile, *in Culture and Anarchy*, p. 116.

> *to give yourselves up to things which relate to the body; to*
> *make, for instance, a great fuss about exercise, a great fuss*
> *about eating, a great fuss about drinking, a great fuss about*
> *walking, a great fuss about riding. All these things ought to be*
> *done merely by the way: the formation of the spirit and*
> *character must be our real concern. (CA* 66)

Or, où qu'il porte son regard, Matthew Arnold ne voit que mensonge et tromperie.

En religion, les puritains prétendent suivre les canons de la vérité définis dans l'*Epître de Saint-Paul aux Romains.* Mais, faute de s'interroger sur le fond à l'aide de leur droite raison, faute de chercher à percevoir les textes pauliniens dans toutes leurs implications, sous tous leurs angles, ce qui leur sert de ligne de conduite morale en définitive, c'est une interprétation tronquée, erronée du grand disciple du Christ.

Le sens qu'ils donnent aux idées pauliniennes de grâce, de foi, d'élection, de justice, de résurrection « *is the most monstruous and grotesque caricature of the sense of St Paul, and [...] his true meaning is by these worshippers of his words altogether lost* » (*CA* 144).

En politique, les gouvernants de son pays ne cherchent qu'à flatter « *the self-love of those whose suffrages they desire. [They] know quite well that they are not saying the sheer truth as reason sees it* » (*CA* 116).

Le goût naturel des Anglais du XIXᵉ siècle pour l'enflure aux dépens de la droite raison et de la vérité, défaut qu'ont en leur temps fustigé John Arbuthnot, Alexander Pope, Jonathan Swift, John Gay et Thomas Parnell avec les *Memoirs of Martinus Scriblerus* (*CA* 111)[8] est ce qui empêche les Victoriens de saisir la nature des choses.

En effet, selon Matthew Arnold, l'esprit de l'homme est composé pour l'essentiel d'un « moi ordinaire » (*ordinary self*) et d'un instinct de classe — ce sont ces deux éléments qui lui donnent une véritable prédilection pour « l'enflure » et la « tromperie ». Cet esprit comprend en outre selon des doses

---

8. — Ouvrage publié en 1741 par John Arbuthnot, qui tout comme Alexander Pope, Jonathan Swift et Thomas Parnell, faisait partie du Scriblerius Club.

très inégales « *a humane instinct* », qui constitue son « meilleur moi » (*best self*) (*CA* 110).

Or, dans la vie politique du XIXe siècle, tout contribue « *to hide from us that there is anything wiser than our ordinary selves, and to prevent our getting the notion of a paramount right reason* » (*CA* 117).

La presse enfin se plaît à flatter les penchants de ses lecteurs et développe, *The Times* notamment, l'idée que « *everybody has his own little vision of religious or civil perfection* » (*CA* 119-20) et que chaque Anglais a le droit d'agir à sa guise.

Il lui arrive aussi de déformer volontairement la réalité, comme dans *The Westminster Review* de janvier 1868. Dans ce numéro, la revue tronque une partie des propos de l'écrivain qu'elle cite — Wilhem von Humboldt[9] en l'occurrence. Ce dernier affirmait que dans son pays — la Prusse — où chacun a tendance à trop compter sur le gouvernement, l'action gouvernementale devait être limitée. Exhumer cette traduction de *Domaines et devoirs du gouvernement* et appliquer les remarques de Humboldt à la société anglaise « *whose dangers none of them lie on the side of an over-reliance on the State* » (*CA* 124) est aux yeux d'Arnold une malhonnêteté intellectuelle.

Il n'est en effet ni possible ni nécessaire d'établir une hiérachie de valeurs en littérature, en politique, en religion.

Revenons pour conclure à la notion de tromperie chez Matthew Arnold. On a vu qu'il pouvait être néfaste de pratiquer un sport ou une religion dans un état d'esprit inapproprié, sans voir les choses comme elles sont vraiment, sans les analyser, les comprendre.

Pire encore, il serait préférable qu'une loi, aussi juste soit-elle, et même si elle contribue à atténuer des inégalités entre les hommes, n'ait pas été votée, si elle l'a été simplement pour poursuivre une « opération pratique », en violation de la loi de la raison, c'est-à-dire sans que le législateur ait donné libre jeu à sa conscience et ait examiné les circonstances dans laquelle ces dispositions étaient prises.

---

9. — Wilhem von Humboldt est un philologue et diplomate allemand qui devint ministre de l'éducation et fonda l'université de Berlin.

Les lois concernant le désétablissement de l'Eglise en Irlande, les biens immobiliers du père de famille *ab intestat*, la levée de l'interdiction du mariage entre un homme et la sœur de son épouse décédée, les lois économiques protégeant le libre-échange, fournissent à Matthew Arnold autant d'exemples de la manière dont la vie publique en Angleterre repose sur la tromperie, le mensonge et l'erreur.

Quant aux idées les plus hautes — la lutte pour l'abolition de la traite des Noirs par exemple — rien ne saurait justifier qu'on milite pour leur victoire par des moyens qui contreviennent à l'ordre social et sont en contradiction avec le but ultime de l'humanité : le perfectionnement de l'homme.

Culture and Anarchy est certainement un traité de morale. Il étudie le juste, le faux, la raison, les passions, l'intention-de-faire, la fin et les moyens. On retrouve chez Arnold cette préoccupation des plus grands philosophes qui, pour reprendre Vladimir Jankélévitch, considèrent que :

> *L'intention, par contre, est bonne ou mauvaise immédiatement, et sans référence à des valeurs d'où elle tiendrait sa valeur : une mauvaise inspiration vicie les plus nobles espérances... L'intention est donc l'âme et la racine vivante de toute excellence, ce qui rayonne la valeur et fait vertueuses les vertus.*[10]

Et pourtant on sait combien Arnold haïssait les théories rigides. Dans l'une de ses lettres il écrit « *I hate all over-preponderance of simple elements* »[11].

La morale n'a de sens pour lui que si elle habitée par « *[the] happy idea of the essential character of human perfection* » (*CA* 66-67).

---

10. — Vladimir Jankélévitch, *Traité des Vertus*, Paris, Bordas, 1949, p. 101.
11. — Li 287, Collini, p. 7.

Chapitre V
Les classes sociales et l'Etat

On pourra être surpris qu'un auteur comme Matthew Arnold qui réserve à la culture le rôle principal dans l'organisation de la société donne par ailleurs tant de place aux classes sociales, et qu'il fonde en définitive son argumentation sur l'analyse de ces différentes classes.

Historiquement la notion de classe sociale a succédé à la notion d'« ordres » ou de « castes » qui était d'ordre fonctionnel et religieux.

Au XIXe siècle, l'examen systématique du rôle possible de chacune des classes sociales est chose courante. Ceci manifeste le passage d'un système politique dans lequel seuls quelques groupes sociaux avaient le droit de s'exprimer en fonction de leur rang et de leur fortune à un système fondé sur le droit pour chaque individu de signifier sa volonté en tant que citoyen. Karl Marx, quant à lui, associe l'identité des classes sociales à certaines « phases historiques du développement de la production. En Grande-Bretagne, elles prennent leur aspect moderne essentiellement avec le début de la révolution industrielle ».

Une des questions principalement débattues à l'époque est celle de savoir laquelle des trois classes sociales — l'aristocratie, la bourgeoisie ou le peuple — est capable de jouer le rôle susceptible de convenir le mieux au développement et au bien-être de la société anglaise.

L'un des grands historiens de la société aristocratique, Edmund Burke, estimait par exemple que l'aristocratie, dont l'existence repose sur la propriété foncière, représentait « l'incarnation du destin d'une nation, la permanence de l'Etat et de sa constitution ». Burke était au sens le plus formel et le plus anglais du terme un « Libéral », c'est-à-dire qu'il voyait dans le *landed interest* la base d'un contrat de loyauté et de partenariat envers la nation dans sa continuité historique.

Comme l'écrira Coleridge :

> *Has not the hereditary possession of a landed estate been proved by experience to generate dispositions equally favorable to loyalty and established freedom?*

Un auteur comme Carlyle proposera pour sa part de donner tout le pouvoir à l'aristocratie, mais à « une aristocratie rénovée », non à une de ces « fausses aristocraties européennes » qui ont succédé à la Révolution française. « *An actual new Sovereignty, Industrial Aristocracy, real not imaginary Aristocracy...* »[1].

Selon Karl Marx, au contraire, si la bourgeoisie a constitué à un moment donné de l'histoire un progrès pour la Grande-Bretagne et pour l'humanité dans son ensemble, si elle a été la classe des Lumières et de l'industrialisation, la classe qui a détruit les vieilles mœurs féodales, elle ne peut plus, au XIXe siècle, jouer d'autre rôle que celui de donner naissance à la nouvelle classe montante : le prolétariat[2]. Quant à l'aristocratie, c'est pour Marx une classe vouée inéluctablement à disparaître.

De façon générale, au XIXe siècle, tout le monde convient qu'il existe en Angleterre une société de classes divisée en possédants et en non-possédants, donc en conformité avec la doctrine libérale, en dominants et en non-dominants : une société pourvue d'un système de valeurs qui légitime et soutient le *statu quo* économique, politique et social.

Les notions d'aristocratie et de bourgeoisie, détentrices l'une et l'autre de la terre et du capital, correspondent assez exactement à la réalité sociologique du pays, même si pour certains centres industriels ou pour la capitale notamment il faut souligner l'importance des professions libérales qui ne peuvent pas toujours entrer dans cette classification. La catégorie des non-possédants, en revanche est plus difficile à cerner. L'abondance des termes utilisés révèle des analyses socio-politiques très différentes : « prolétariat », « masses », « couches popu-

---

1. — Thomas Carlyle, *Past and Present*, London, Dent, 1960 (1843), p. 241.
2. — Karl Marx, Friedrich Engels, *Manifeste du Parti communiste*, Paris, Editions sociales, 1972 (1848), p. 41.

laires », « travailleurs », voire « populace ».

Matthew Arnold se place donc là à l'intérieur de la lecture sociale et politique conventionnelle de son temps. Issu lui-même des classes moyennes, il procèdera à l'analyse des classes de la société anglaise en distinguant les qualités et les défauts de l'aristocratie, de la classe moyenne et de la classe ouvrière.

Cependant, afin d'« améliorer légèrement la nomenclature » (*CA* 104) et l'analyse des trois grandes classes sociales, Matthew Arnold va adopter une nouvelle division de la société anglaise : les aristocrates vont devenir les « Barbares », la classe moyenne « les Philistins » et la classe ouvrière « la Plèbe ».

Certes — se plaît-il à répéter — ceci n'est que « *[a] humble attempt at a scientific nomenclature* » (*CA* 107) ; cette tentative modeste est censée lui permettre d'analyser « commodément » les choses. On remarquera que deux de ces termes sont empruntés à l'histoire de l'antiquité classique (barbares et plèbe) et l'autre (philistin) à l'antiquité hébraïque. On y trouve donc un écho de la dialectique dans laquelle il oppose par ailleurs hébraïsme et hellénisme. C'est en effet dans la catégorie des philistins que se trouve le plus grand nombre de *Dissenters* assimilés par Arnold au côté hébraïque de l'esprit religieux.

Il y a deux raisons qui permettent à Arnold de se placer ainsi en observateur de toutes les classes y compris la sienne.

C'est d'abord que, comme le disait, non sans sarcasme, Algernon Charles Swinburne dans un article paru dans la *Fortnightly Review* en octobre 1867, Arnold était bien le fils de son père, c'est-à-dire le fils d'un des plus grands philistins de son temps ; Matthew Arnold assure qu'il s'est « converti » : « *I have for the most part, broken with the ideas and the* tea-meetings *of my own class* ». C'est d'autre part, déclare-t-il à ses lecteurs, que dans chacun d'entre nous, il y a certaines caractéristiques des trois grandes catégories sociales. Ainsi, en ce qui le concerne, s'il réfléchit sur le goût qu'il a pour la chasse et pour la pêche, il est certain que, élevé dans comme un aristocrate, il aurait pu devenir l'un d'entre eux, c'est-à-dire

> *a very passable child of the established fact, of commendable*
> *spirit and politeness and at the same time, a little inaccessible to*
> *ideas and lights.* (*CA* 108-109)

S'il s'interroge sur l'esprit de violence qui parfois le saisit lorsqu'il piétine sauvagement ceux qui sont à terre, il sait bien qu'il possède au fond de lui-même « *the eternal spirit of the Populace* » (*CA* 109).

Si l'on accepte d'oublier les railleries et les critiques qu'il dispense à ses « autres moi », on reconnaîtra avec lui que ces présences embryonnaires, propres à d'autres classes, que porte chaque individu est ce qui fait naître « *the spirit of indulgence* », vis-à-vis des autres, cet état d'esprit indispensable à l'avènement du règne de la douceur.

Ainsi chacun des trois grands groupes est défini par celui des éléments communs qui domine dans ce groupe, de même qu'en chaque individu cohabitent les caractéristiques des trois catégories.

Comment sont constituées chacune de ces trois classes ?

L'aristocratie, pour Matthew Arnold, représente avant tout le passé. Le rôle des barbares en son temps a été décisif : leur passion pour la « liberté personnelle » a insufflé à la « race » anglaise l'idée d'indépendance et d'invidualisme. L'importance qu'ils accordent au corps et à l'exercice physique leur a donné de la force et de belles familles. Leur distinction, leurs manières raffinées en ont fait des modèles de savoir-vivre. Pourtant comme le souligne P. J. Keating, aux yeux de Matthew Arnold

> *Aristocratic England had won its greatest victory at Waterloo,*
> *but it was incapable of understanding that its military opponents*
> *had already won an even greater victory, that of the*
> *"idea-moved masses". Nor did the military triumph have any*
> *chance of stopping democracy from spreading throughout the*
> *Western world, from holding back the waves of history.*[3]

Or, c'est que les aristocrates sont incapables par nature d'accéder au domaine des idées. Ce sont des « *children of the established fact* » (*CA* 104). Tout ce qu'ils possèdent, ils l'ont

---

3. — « Arnold's Social and Political Thought » in *Matthew Arnold, op. cit.*, p. 217.

hérité et cette situation les a empêchés de développer leurs capacités d'abstraction.

En revanche, ils ont pour eux leur bonne éducation, leur courage, leur assurance — qualités qui demeurent au XIXe siècle sous une forme si atténuée, qu'elles ne présentent plus d'intérêt pour le reste de la société. Les aristocrates sont réputés pour leur politesse que d'aucuns pourraient confondre avec la « *sweetness* » (l'un des éléments de la perfection selon Arnold), mais leur absence d'intérêt pour le monde intellectuel et affectif fait qu'ils se contentent d'aimer les choses mondaines — « *worldly splendour, security, power and pleasure* »–, (*CA* 105) — et de régner au milieu des campagnes dans leurs « *great fortified post[s]* ». (*CA* 106)

Puisque les Barbares, isolés sur leurs grands domaines, ne sont plus en mesure de comprendre le monde nouveau qui se construit sous leurs yeux, faut-il croire que c'est à la Plèbe, à la classe moyenne aux Philistins de tracer le nouveau chemin ?

Il y a toute une polémique autour de cette question entre certaines critiques de Matthew Arnold. Pour P. J. Keating, Arnold croit fermement que la classe moyenne est « *the heart of the English nation* » (*Friendship's Garland*) et il ne cesse de leur décocher ses flèches que parce que ses exhortations ne sont pas écoutées.

Stefan Collini, de son côté, estime que *Culture and Anarchy* est en fait écrit *contre* la classe moyenne.

Il est certain, qu'Arnold reconnaît d'intéressantes aptitudes à la classe moyenne : ses qualités d'initiative, sa puissance d'organisation, son goût pour la rationalisation, son indéfectible acharnement, et la conviction de la justesse de ses théories et des causes qu'elle défend ; elle est ce grand corps social qui « a fait tout ce qui a été fait de grand dans tous les domaines » mais c'est une classe de philistins, « *the enemy of the children of light or servants of the idea* » (*CA* 104). Par opposition avec la classe aristocratique qui se borne à n'accorder aucun intérêt au domaine des idées, la classe moyenne, elle, *résiste* de façon « *particularly stiff-necked and perverse in the resistance to light and its children...* » (*CA* 105). C'est une classe qui n'aime que la mécanique, « *the machinery* ».

Cette mécanique est marquée par un caractère étroit et lugubre qui se manifeste dans les transactions commerciales, l'activité des sectes, les *tea-meetings*...

Plus que tout, la classe moyenne hébraïse. Elle déploie une activité considérable pour persuader ses adversaires de la justesse de ses convictions sur des points de détail et se désintéresse de l'intelligence générale des choses. Le Philistin se reconnaît à son esprit étriqué et sectaire en religion — surtout s'il est non-conformiste — ; il ne s'intéresse qu'à la réussite matérielle, et se caractérise par l'autosatisfaction et l'assouvissement de ses propres besoins. Tout ce qui est borné, provincial, sans ampleur, « *hole-and-corner* » en un mot est l'apanage du Philistin[4]. Il peut bien être riche, il manifeste sa richesse avec tant de mauvais goût que, comme le décrit Charles Dickens dans *Our Mutual Friend*, tout en devient laid :

> *Hideous solidity was the characteristic of the Podsnap plate. Everything was made to look as heavy as it could, and to take up as much room as possible...*

Incapable de voir plus d'un côté des choses, le Philistin est entièrement absorbé dans ses préoccupations du moment. Il voue un véritable culte à certains phénomènes sans s'interroger sur la raison de ce culte : c'est ainsi que, mécaniquement, il adore en vrac la liberté, la richesse, le chemin de fer et le charbon. « *Nine Englishmen out of ten [...] believe that our greatness and welfare are proved by our being so very rich* » (*CA* 65).

Pour Matthew Arnold, William E. Gladstone s'est fait le porte-parole de cette idée fondamentale le 31 janvier 1867 lors d'un discours prononcé à Paris devant la Société d'économie politique alors qu'il n'était pas encore premier ministre[5] :

> *how necessary is the present great movement towards wealth and industrialism, in order to lay broad foundations of material well-being for the society of the future.* (*CA* 72)

---

4. — Voir J.-L. Chevalier, p. 204.
5. — W.E. Gladstone fut premier ministre pour la première fois en 1868 et continuera à l'être en alternance avec Benjamin Disraeli (Earl of Beaconsfield) et le Marquis de Salisbury jusqu'en 1894.

Or, nous l'avons vu, sans « *sweetness and light* » toute idée utilisée mécaniquement est plus néfaste que positive.

John Bright, député, ministre du commerce dans le premier gouvernement Gladstone, est dépeint dans *Culture and Anarchy* comme un fort digne représentant de la classe moyenne. Matthew Arnold fustige l'obsession qu'il manifeste à l'égard du droit de vote et la candeur bornée qui lui fait imaginer que le suffrage « *like having a large family or a large business, or large muscles, has in itself some edifying and perfecting effect upon human nature* » (*CA* 75).

John Bright, comme John Roebuck (député radical de Sheffield) et Robert Lowe (homme politique libéral), défendent cette idée absurde que les hommes doivent être jugés non pas pour ce qu'ils sont mais pour « le nombre de chemins de fer qu'il[s ont] construits ou la taille du temple qu'il[s ont] bâti » (*CA* 75).

Arnold se référant à un discours de Bright (prononcé selon R.H. Super à Leeds en novembre 1866 et selon Dover Wilson à Londres en décembre de la même année dans le cadre de la campagne pour le *Second Reform Bill*), donne cet exemple d'autosatisfaction boursouflée, fondée sur l'accumulation des biens matériels :

> *See what you have done! I look over this country and see the cities you have built, the railroads you have made, the manufactures you have produced, the cargoes which freight the ships of the greatest mercantile navy the world has ever seen! I see that you have converted by your labours what was once a wilderness, these islands, into a fruitful garden; I know that you have created this wealth, and are a nation whose name is a word of power throughout all the world.*

Il existe certes dans chacune des classes sociales des hommes dont le comportement illustre aussi bien les qualités extrêmes que les défauts de leur classe. Matthew Arnold oppose, dans chaque classe, ceux qui peuvent apparaître comme des génies et ceux qui constituent de véritables caricatures de leur classe. Dans le premier groupe, il place pour la classe moyenne Mr Bazley, député de Manchester, l'un des organisateurs de la grande exposition de 1851, pour l'aristocratie Lord Elcho qui s'opposait au projet de réforme électorale, et pour la classe ouvrière George Odger, l'un des chefs de file du mouvement syndical londonien. Dans le second groupe, figurent Sir Thomas Bateson (député de Devizes), Mr Murphy, l'adversaire acharné des catholiques et des Irlandais, Charles Bradlaugh (avocat athée qui joua un rôle important dans les *Hyde Park Riots*) ou encore le braconnier Zephaniah Diggs, un paysan qu'Arnold met en scène dans *The Friendship's Garland.*

Entre la glorification des richesses accumulées et la volonté de ne tenir pour seule culture que la Bible, les Philistins ne développent chez l'homme que sa nature morale et mutilent tout un pan du caractère humain.

Pire encore, la classe moyenne vénère la liberté comme autrefois les Hébreux vénéraient le veau d'or : liberté de l'industrie, du commerce, de la presse, du vote. Ce sont des « fétiches » (*CA* 169) dont on voit bien qu'ils ne produisent aucun des effets escomptés. Matthew Arnold multiplie dans le chapitre VI *On Liberal Practioners* les exemples des profonds dysfonctionnements que provoque dans la société ce type d'analyse.

Prenons, parmi ceux-ci, celui qui semble peut-être le plus scandaleux à Matthew Arnold — car il y revient dans la plupart de ses écrits : la coexistence entre l'augmentation de la production industrielle et du capital et l'accroissement du paupérisme. Il y a là quelque chose qui défie la droite raison. Notre auteur, nous l'avons vu, est loin d'être le seul à son époque à s'interroger sur cette situation. Pour les libéraux cet état de choses quoique préoccupant va s'améliorer : l'augmentation du commerce, du volume des affaires et de la population vont à terme faire coexister « *the poor man and [the] business one* » (*CA* 170). Pour les radicaux, les syndicalistes et plus tard les marxistes, c'est une des contradictions fondamentales du capitalisme qui ne saura se résoudre que grâce à l'action syndicale et politique des travailleurs.

Matthew Arnold, lui, propose d'« helléniser » un peu sur ce sujet, c'est-à-dire de prendre l'habitude « *of fixing our mind upon the intelligible law of things* » (*CA* 177).

Le problème démographique est assurément le plus crucial, puisque en même temps que les richesses s'accroisssent, le nombre d'enfants s'accroît. A cela les Philistins ne savent que répondre « Croissez et multipliez » (Genèse, I, 28) et considérer que l'inégalité et la pauvreté sont inévitables. Mais pour celui qui veut progresser vers la perfection, il est clair que

> ...*no man is to be excused in having horses or pictures, if his having them hinders his own or others' progress towards perfection and makes them lead a servile and ignoble life, so is no man to be excused for having children if his having them makes him or others lead this.* (CA 178)

Les comportements, les analyses, les solutions que donne la classe moyenne défient la raison. On sent chez Arnold une profonde compassion pour les souffrances des pauvres, et sa profession d'éducateur le rend tout particulièrement sensible à la misère des enfants qui végètent dans les taudis.

Le paradigme pour lui de la misère affreuse dans laquelle certains se débattent et de la cruauté de la société anglaise de son temps se trouve dans *Function of Criticism*[6], où, ironie suprême, il met en relation les paroles du député John Arthur Roebuck devant ses administrés et la réalité implacable du destin des pauvres gens. « *I pray that our unrivalled happiness may last!* » s'écrie Roebuck. Mais de quel bonheur peut-il s'agir lorsque des femmes du peuple en sont réduites à l'infanticide et terminent leur vie en prison ? En contrepoint des paroles lénifiantes de Roebuck, Matthew Arnold cite *in extenso* l'entrefilet paru dans *The Times* du 15 mars 1865.

> *A shocking child murder has just been committed at Nottingham. A girl named Wragg left the workhouse there on Sunday morning with her young illegitimate child. The child was soon afterwards found dead on Mapperly Hills, having been strangled. Wragg is in custody.*

On connaît la terrible difficulté de vivre pour les mères célibataires au XIXe siècle[7] et combien les femmes étaient les victimes des bas salaires qui leur étaient réservés, des nouvelles

---

6. — *Function of Criticism*, p. 39-41.
7. — Françoise Barret-Ducrocq, *Love in the Time of Victoria*, New York, Penguin, 1993.

dispositions législatives du *Poor Law Amendement Act* (Bastardy Clause), des critères moraux qui distinguaient parmi les misérables les « méritants » et les « non-méritants » en fonction de leur conformité au code de morale sexuelle, et de leur respect de la religion.

En une très courte relation, Matthew Arnold dévoile la cruauté profonde du système qui fait perdre leur caractère d'être humain et leur sexe à ceux qui en sont victimes. « *Wragg is in custody* » sont des paroles qui sonnent fortement dans la patrie de la liberté individuelle. Peindre Arnold comme un dandy et un intellectuel éloigné de la réalité sociale et des « aspirations pratiques » (*CA* 165) ainsi que l'ont fait ses adversaires, c'est choisir d'oublier la sympathie réelle qu'il manifeste dans ses écrits pour la détresse des masses toujours croissantes et misérables.

Ce n'est pourtant pas que les classes moyennes ne se soient pas penchées sur la misère du peuple. On l'a vu, les sociétés charitables et les missions sont légion au XIXe siècle, fondées le plus souvent par des membres des classes moyennes, sous le haut patronage de l'aristocratie et avec l'activité sur le terrain de pécheurs repentis (voir notamment l'activité de la *London City Mission* et de la *London Bible Women and Nurses Mission*). Mais, pour ceux des classes moyennes qui se préoccupent du sort des pauvres, ceux-ci apparaissent comme « *the lawless classes* », « *the paupers* », « *the debased myriads* », « *the depraved classes* », « *the worst and the lowest, the submerged classes* ». On voit que ce sont les connotations morales qui prédominent et la solution au problème du paupérisme passe par la nécessaire transformation de cette fourmilière d'êtres répugnants en chrétiens réformés et travailleurs. Avant de procéder à cette métamorphose, l'indignation est parfois plus forte que la compassion et la surprise fait place à l'horreur de ce qui saisit comme la révélation d'une altérité absolue.

L'anecdote suivante est caractéristique des innombrables récits d'exploration sociale de l'époque :

> A Christian gentleman...saw what appeared to be a bundle of
> rags huddled up in the corner. Curiosity prompted him to probe

> *the mass with his walking-stick, when, to his astonishment, a*
> *human face appeared, and what he mistook for a bundle of*
> *rags, proved to be really the crouching figure of a woman*
> *huddled up to keep herself warm.*[8]

Le fourmillement et l'entassement des corps qu'évoque Matthew Arnold, inspire l'horreur aux observateurs victoriens :

> *It is not an uncommon thing, in a room of twelve feet square*
> *or less, to find three or four families* styed *together...filling the*
> *same space night and day—men, women, children in the*
> *promiscuous intimacy of cattle.*[9]

Les inextricables labyrinthes où errent nos Thésée victoriens suggèrent les ténèbres, la dissimulation, le péché ; le grouillement évoque le règne animal et l'irrationalité ; les émanations méphitiques indiquent l'obscénité. Dans la symbolique morale des Philistins, l'air vicié et le mal se confondent et polluent indifféremment les corps et les âmes. Il faut alors, estiment les réformateurs victoriens, convertir ces gens à la religion chrétienne et à un mode de vie civilisé : concrètement, leur apprendre à séparer les garçons des filles en installant des rideaux dans les chambres, enseigner aux ménagères à faire des soupes, à rapetasser les vêtements, aux mères de famille à laver les bébés.

Pour Matthew Arnold, il n'y a pas d'autre solution à cette situation que de diminuer le nombre des pauvres. A ses yeux, les enfants ne doivent pas toujours être tenus, comme le soutenait l'écrivain Robert Buchanan, pour un « don du ciel » et pour la volonté de Dieu.

> *He would swarm the earth with beings. There are never enough.*
> *Life, life, life... Not a corner is suffered to remain empty. The*
> *whole earth breeds, and God glories.* (*CA* 173)

Dans *Culture and Anarchy*, Arnold affirme que, contrairement à ce que lui suggère le pasteur congrégationaliste

---

8. — William J. Taylor, *The Story of the Homes, Origins, Development and Work for 50 Years*, London, 1907, p. 32.
9. — John Simon, *Sanitary Conditions of the City of London*, London, 1854, p. 148.

William Tyler, il est illusoire d'apprendre la solidarité à des enfants « *eaten up with disease, half-sized, half-fed, half-clothed* » (*CA* 176).

Cette troisième classe sociale, « *the Populace* » qui par certains côtés est si pitoyable peut en effet être un facteur de trouble et d'anarchie. Le grand événement traumatique qui hante *Culture and Anarchy*, ce sont naturellement les *Hyde Park Riots* de juillet 1866. C'est la multitude transformée soudainement par les principes démocratiques et libéraux en masse déferlante qui terrifie Arnold.

> But that vast portion...of the working class which, raw and half-developed, has long lain half-hidden amidst its poverty and squalor, and is now issuing from its hiding-place to assert an Englishman's heaven-born privilege of doing as he likes, and is beginning to perplex us by marching where it likes, meeting where it likes, bawling what it likes, breaking what it likes,—to this vast residuum we may with great propriety give the name of Populace. (*CA* 107)

La formation de « *monster processions in the streets and forcible irruption into the parks* » (*CA* 181) est un signe de dégradation des temps et d'obscurantisme que Matthew Arnold ne saura tolérer.

Le 29 juin 1866, après le vote du Parlement contre le *Second Reform Bill*, une première manifestation de dix mille personnes environ avait défilé devant la demeure de Gladstone, puis s'était dispersée dans le calme. Cette agitation s'était poursuivie pendant le mois de juillet et le 27 Matthew Arnold écrivait à sa mère :

> We have had a disturbed time, and both last night and Tuesday I was· under the gallery of the House of Commons[10] to hear what was said about the rioting. On the Monday night, we were on our balcony and saw the crowd break into our square, throw

---

10. — Stefan Collini fait remarquer que se promener dans les « lobbies » était alors une pratique habituelle chez les intellectuels — une manière de participer au débat politique (cf. *Public Moralists, Political Thought and Intellectual Life in Britain*, Oxford, Clarendon Press, 1993, p. 34).

> *a few stones at Sir R. Maynes' windows opposite us, and then*
> *be dispersed by the police.*[11]

Quelques temps plus tard, se déroule la grande manifestation qui révolte Arnold. Elle avait été organisée à l'appel de la *Reform League* et animée notamment par Charles Bradlaugh, G.J. Holyoake et Edmund Beales. Elle se termina de façon beaucoup plus violente. La foule immense qui devait se réunir dans Hyde Park pour un meeting de clôture, trouvant les portes fermées, arracha les grilles et déferla sur le parc. L'opinion publique fut de nouveau saisie d'effroi.

Ainsi le peuple de Londres semblait bien formé de classes, imprévisibles, bouillonnant de remous, imperceptibles aux classes dominantes, et capables de tout :

> *...We are sometimes spoken of as the dangerous classes, as a*
> *section of the community grinding and chafing against our*
> *miserable lot, and ready at the slightest provocation to rise in a*
> *rebellion against those who are placed in authority over us!*[12]

Si bien que certains vont même s'étonner que la révolution sociale n'eût pas encore éclaté.

Les deux émeutes de l'été 1866 s'inscrivaient dans une longue suite de troubles qui, de 1840 à 1886, ponctuèrent la vie londonienne, alimentant les craintes, rappelant périodiquement par leur incursion dans le West End la présence menaçante de multitudes misérables, qui amenaient la confusion et l'anarchie dans une société, sinon harmonieuse, du moins apparemment cohérente. Les manifestations chartistes des années 40, les émeutes de 1855 (*Sunday Trading Riots*), de 1859-60 (*Anti-Tractarian Riots de St George's-in-the-East*), les émeutes de la faim de 1855, 1861, 1866 (*Bread Riots*) entraînaient dans des vagues de violence ceux et celles qui n'avaient pas grand chose à perdre, mais guère non plus à espérer qu'un profit immédiat, et qui, pour la plupart d'entre eux n'étaient mus que par un très vague projet politique.

---

11. — Clinton Machann and Forrest D. Burt, eds, *Selected Letters of Matthew Arnold*, Basingstoke, MacMillan, 1993, p. 192.
12. — James Greenwood, *In Strange Company*, London, 1873, p. 266.

Les craintes de Matthew Arnold n'étaient pas vaines. Certes, l'Angleterre ne connut pas de révolution prolétarienne, mais le « désordre de la Plèbe », qui, à ses yeux, empêchait la Grande-Bretagne de parvenir à l'état de culture, allait se prolonger pendant les deux décennies suivantes. Pour mémoire, rappelons que l'agitation continua en fait jusqu'à la fin du siècle. Le 8 février 1886[13] notamment, un meeting de chômeurs organisé par la *Fair Trade League*, interrompu par une contre-manifestation de la *Social Democratic Federation* (SDF), tourna à l'émeute, et plusieurs dizaines de milliers de personnes défilèrent dans le *West End* en se livrant à des actes de pillage. Ce « lundi noir » fut suivi de trois jours de terreur panique pour les masses moyennes et notamment pour les petits commerçants. Le 10 février surtout, de Camden Town à Clapham Common, de Bethnal Green au West End, la rumeur s'enfla qu'une véritable insurrection des *disorderly classes* allait déferler de toute la ville vers Westminster et la City. Pendant le reste de l'année, l'agitation continua à Londres, à laquelle répondit à la demande répétée de la presse, une répression intense menée par Sir Charles Warren, chef de la Police Métropolitaine, qui interdit toute réunion à Trafalgar Square. Les événements de l'automne 1887 portèrent à leur comble les craintes de subversion politique. Les manifestations de la *Social Democratic Federation* au mois d'octobre contre les dispersions brutales par la police de la foule des sans-logis à Hyde Park et à St James's Park, puis la bataille du 13 novembre semblèrent apporter la démonstration qu'une jonction était possible entre le *Lumpen Proletariat* et les organisations révolutionnaires. Le *Reynolds's Newspaper*[14] titrait sur les événements de la manière suivante :

> *Serious riots in London. Monster procession to Trafalgar Square. The police overwhelmed. The Guards called out. Heavy fighting.*

---

13. — *The Times*, 9 Feb. 1886, p. 6 ; 10 Feb. 1886, p. 5 ; 11 Feb. 1886, p. 6 ; et A.L. Morton and George Tate, *Histoire du mouvement ouvrier anglais*, Paris, Maspéro, 1963, p. 222-24.
14. — *Reynolds's Newspaper,* November 20th, 1887 in Eric J. Hobsbawn, *Labour's Turning Point,* 1880-1900, London, The Harvester Press, 1974, p. 25.

Ce « dimanche sanglant » fit de nombreux blessés et plusieurs morts. Et tandis que William Morris écrivait son émouvante et belliqueuse *Death Song*, les classes possédantes londoniennes se préparaient au pire. La révolution, on le sait, ne devait pas avoir lieu et le caractère extrêmement discipliné de la grève des dockers de 1889, rassura les esprits. Dès le 22 août, Friedrich Engels écrivait :

> *For lack of organisation and because of the passive vegetative existence of the real workers in the East End, the gutter proletariat has had the main say there so far. It has behaved like and* has been considered *the typical representative of the million of starving East Enders. That will now cease. Scenes like those which occured during Hyndman's procession through Pall Mall and Picadilly will then become impossible...*[15]

L'avenir immédiat en tout cas allait lui donner raison, la peur d'un renversement violent de la société victorienne par les masses populaires disparut.

La classe ouvrière comporte pour Arnold une autre dimension que cette dimension misérable et anarchique. Il s'inspire pour en décrire les composantes sociologiques de l'analyse qu'en avait fait Thomas Wright[16], qui signait parfois sous le pseudonyme de *A Journeyman Engineer*.

Pour ce dernier, l'opinion publique était coupable d'amalgame, en ne distinguant pas les pauvres hères des ouvriers respectables, et en ne marquant pas suffisamment à quel point parmi ceux-ci, les différences sont notables.

> *The working classes are not a single-acting, single idea's body. They are practically and plurally classes, distinct classes, classes between which there are as decisively marked differences as there are between any one of them and the upper or the middle classes.*[17]

Dans *The Great Unwashed*, Wright distingue trois « types » : « l'ouvrier éduqué » que l'on rencontrait dans les

---

15. — Friedrich Engels, *On Britain,* Moscow, 1962, p. 567.
16. — Thomas Wright, *Some Habits and Customs of the Working Classes,* London, 1858 ; *The Great Unwashed*, London, 1868 ; *Our New Masters*, London, 1873.
17. — Thomas Wright, *Our New Masters*, London, 1873, p. 2-3.

Mechanic's Institutes, qui était syndiqué et membre d'une ou plusieurs *benefit-societies*, qui ne fréquentait guère les clubs politiques et ne se laissait pas entraîner par les démagogues. Dans ce groupe se range manifestement l'auteur, et l'on n'est pas étonné de le voir paré de toutes les vertus. Le second type, *The intelligent artisan*, lui, est impulsif et empirique ; il manifeste une hostilité de principe contre les possédants, mais il est honnête et sérieux, cotise à une *post saving bank*, adhère à une coopérative, un *benefit-club*, ou un syndicat. Enfin, « *the worst type of working man* », selon Wright, appartenait au groupe le moins nombreux. Contraint de vivre dans les bas-fonds avec les criminels, dans des logis sales et surpeuplés, il traîne dans la rue, s'enivre, bat sa femme, ne donne aucune éducation à ses enfants, et est prêt à vendre son vote contre un verre de bière.

Après la fin du mouvement chartiste, la plupart des observateurs de la réalité sociale isoleront des masses populaires un groupe de travailleurs qui ne leur semblait pas *a priori* constituer une menace pour la société. Ils avaient pour le qualifier un grand nombre d'appellations :

> *the respectable poor, the more respectable members of the community, the respectable mechanic, the respectable tradespeople, the decent English poor, the operative class, the mechanics and artisans.*

On pouvait immédiatement les « repérer » grâce à leur meilleure éducation et au fait qu'ils fréquentaient les *Mechanic's Institutes*, les *Debating Societies*, les clubs politiques, les *Temperance meetings*, « les associations de jeunes chrétiens » ou les *Benefit-Societies*[18].

Pour Arnold, les choses sont claires. Une partie de la classe ouvrière « *is, or is in fair way to be, one in spirit with the industrial middle class* » (*CA* 107) ; les Philistins attendent avec impatience le moment où elle fera alliance avec eux. Une autre partie de la classe ouvrière s'organise en syndicats et, en cherchant à se constituer mécaniquement en classe dominante,

---

18. — Voir sur ce point : *London v. New York*, by An English Workman, London, 1859, p. 22.

se rapproche elle aussi de l'esprit des Philistins. C'est la troisième partie, la plus vaste, la plus misérable, celle qui se manifeste par brusques accès de fièvre, qui peut vraiment recevoir selon Arnold le nom de « Populace ».

Cette Plèbe a aussi des qualités, mais sur ce sujet Arnold est beaucoup plus discret. Elle semble disposer essentiellement de passion, de la capacité à s'embraser, et d'une certaine honnêteté. Elle n'est encore qu'un embryon et nul ne peut savoir ce qu'elle deviendra.

Ce n'est certainement pas de cette classe que viendra le salut national — d'autant que les classes moyennes ne lui transmettent que le goût de la réussite matérielle. Or « *teaching the democracy to put its trust in achievements of this kind is merely training them to be Philistines...* » (*CA* 75) et la culture leur est bien plus indispensable que « *the idea of the blessedness of the franchise, of the wonderfulness of its own industrial performances* » (*CA* 76).

Quant aux Barbares, ils sont incapables d'éduquer les masses et se révèlent trop souvent des exemples détestables. Ils possèdent la richesse, le pouvoir, les honneurs, mais ils ignorent tout de la vertu. Et c'est parce qu'ils se sont constitués en un « faux idéal » que « Populace » et « Philistins » se trouvent dans l'état où ils sont :

> So that, perhaps, of the actual vulgarity of our Philistines and brutality of our Populace, the Barbarians and their feudal habits of succession...are involuntarily the cause in a great degree. (*CA* 164)

En réalité, dans *Culture and Anarchy*, les classes sociales caractérisent l'imperfection. Chez aucune d'entre elles ne se trouve la « *much-wanted source of authority, as culture suggests it to us* » (*CA* 98).

Chaque classe, en revanche, produit une certaine quantité d'« étrangers », de personnes d'une *autre* nature — « *the aliens* ».

Cette différence essentielle entre *the aliens* et le reste de leur classe provient de leur inclination à connaître « leur meilleur moi », « à se dégager de la mécanique » de leur classe,

« à ne s'intéresser qu'à la raison et à la volonté de Dieu... »,
à la perfection. Leur caractéristique commune est l'humanité
et, malheureusement, leur intense solitude.

De l'intérieur des trois grandes classes sociales, ces êtres
que caractérise leur altérité et qui leur sont étrangers, ont la
capacité *d'agir*, de *freiner*, d'empêcher leur classe de suivre les
tendances de son moi ordinaire.

Matthew Arnold se range-t-il parmi ces étrangers ? On
peut le penser puisqu'il parle en ce qui le concerne de
« conversion ».

Il considère que sa mission est d'allumer un feu qui
embrase pour ainsi dire la classe dont il est issu. Il s'agit bien
d'une vraie guerre, puisque Matthew Arnold utilise cette méta-
phore militaire : « prendre en enfilade » (*to enfilade [...] the
class with which they are ranked* [CA 110]). Mais cette guerre
naturellement est une guerre de l'esprit où la flamme qui
embrase est fille du Paraclet, qui se pose sur la tête des
apôtres, le jour de Pentecôte, et leur donne le don des langues.
C'est une guerre de libération des esprits hors de la prison où
leur adoration de la mécanique les a enfermés. Si ces étrangers,
ces guides, se sentent isolés, ils sont cependant, estime Matthew Arnold, plus nombreux qu'on ne peut à première vue
l'imaginer. D'où tiennent-ils cette supériorité sur les autres, ce
« *general* humane *spirit* » ? Arnold fournit-il là une analyse qui
s'approche de celle de Carlyle : ces *aliens* sont-ils de même
nature que les héros et les chefs qui représentent pour Carlyle
l'expression de la révélation divine[19], ont-ils la force
orgueilleuse du surhomme de Nietzsche ? En aucune manière.
The alien d'Arnold possède bien « un instinct originel », mais
cette notion est tempérée par la nature du phénomène qui
n'est rien d'autre que « *the* humane *instinct* » et qui par consé-
quent ne s'appuie d'aucune manière sur l'avilissement ou l'in-
fériorité des autres. De surcroît, cet « instinct originel » qui
pousse « l'étranger » à l'amour de la perfection, ne peut
prendre toute sa force s'il n'est pas « développé », poussé à

---

19. — Carlyle, *On Heroes, Hero-worship and the Heroic in History,* London, Dent,
1960 (1843).

« grandir », éduqué en quelque sorte par les encouragements extérieurs.

Le rôle de la société, d'une autorité sociale et politique, est tenu pour Matthew Arnold comme fondamental. On peut alors rapprocher la capacité d'amélioration individuelle de ces êtres de l'intérêt passionné de Matthew Arnold pour l'éducation. Dans la conclusion de *Culture and Anarchy*, c'est principalement sur les jeunes, qu'avec Aristote, il fonde l'espoir d'une société meilleure.

> But, although those chiefly attracted by sweetness and light will probably always be the young and enthusiastic, and culture must not hope to take the mass of mankind by storm, yet we will not therefore, for our own day and for our own people, admit and rest in the desponding sentence of Aristotle. (*CA* 183)

Matthew Arnold considère qu'aucun groupe humain n'est en mesure de représenter l'autorité sociale et politique. A ses yeux, c'est l'Etat qui doit tenir ce rôle. Matthew Arnold, qui a largement développé cette thèse dans la plupart de ses œuvres, n'est pas seul au XIXe siècle à s'interroger sur le rôle de l'Etat et sur son intervention. On se souviendra que la période victorienne est une des grandes ères des réformes législatives où le pouvoir d'Etat intervient dans de nombreux domaines de la vie publique et privée (mariage, divorce, homosexualité, santé, lois sur la propriété, lois économiques, lois politiques, etc.). Pour éradiquer le paupérisme, deux courants se dégageaient. Le premier rendait l'individu responsable de ses maux et liait indissolublement misère et vice. Le second cherchait, tout en reconnaissant la part de leur responsabilité personnelle, à répertorier les faits sociaux qui contribuaient à la dégradation physique et morale des pauvres : démission morale institutionnelle et collective des classes dominantes ; rôle de l'environnement ; carence de l'habitat, des installations sanitaires ; défaut d'intervention de l'Etat — surtout en matière d'éducation ; absence de sentiment religieux ; coutumes immorales des masses populaires — démographie galopante, intempérance ; situation économique — chômage, travail occasionnel. Autant d'éléments qui entretiennent entre eux des relations complexes dont l'interprétation provoquera des querelles acharnées. Dans cette optique, l'individu restait libre et responsable de son destin, mais il était de la responsabilité morale des classes dominantes, de l'Etat ou plus modestement des éléments éclairés ou éduqués du pays, d'intervenir de manière à prendre en charge les « laissés pour compte » de la société. Cette nouvelle tendance s'inscrivait dans une vision plus optimiste des choses.

Ce qui s'affirme, c'est la croyance en toute la puissance de la force morale pour transformer le monde. A partir de cette notion-clef, se développe un triple phénomène social : en toile de fonds une importance accrue donnée à l'Etat et à ses possibilités d'intervention ; et dans le même temps, la mise en place d'un double discours moralisateur, l'un adressé de façon globale aux autres membres des classes dominantes dont l'enjeu était d'établir l'hégémonie des nouvelles valeurs des classes moyennes ; l'autre, adressé à ceux qui, parmi les classes laborieuses, parce qu'ils étaient victimes de leur ignorance et de leurs conditions de vie, s'écartaient du code moral dominant.

Le rôle dévolu à l'Etat et aux collectivités locales était au moment de la publication de *Culture and Anarchy* l'objet d'un débat crucial. Les tenants d'un « laissez-faire » absolu, tel Herbert Spencer par exemple, ne reconnaissaient à l'Etat d'autre droit que celui de rendre la justice et d'administrer les affaires publiques. Et pour beaucoup, la crainte de l'intervention de l'Etat restait encore dominante. Mais, dans la seconde moitié du siècle, et notamment à partir des années soixante-dix, un courant de pensée d'une influence croissante soutient que nombre de problèmes de société étaient en définitive du ressort de l'Etat. La destruction des taudis et le relogement des habitants expulsés, les projets de loi contre le système du *sweating*, la prise en charge de l'éducation, l'assistance aux chômeurs, mais aussi les propositions pour séparer les pauvres du reste de la population, pour établir des centres de détention où enfermer les vagabonds, pour éloigner les enfants de parents indignes ou encore pour envoyer outre-mer les surplus de population, sont autant de projets envisagés ou réalisés qui marquent la progression d'une nouvelle conception de la société.

On aura une idée de la conception du rôle de l'Etat tel qu'il est défini dans cette période en citant cet argument de George Sims en faveur de l'éducation :

> *No one urges that the State should be a grandmother to the citizens, but it should certainly exercise ordinary parental care over its family.*[20]

Dans le domaine de la morale sexuelle, l'intervention de l'Etat et plus généralement des pouvoirs publics va ainsi être sollicitée. Les appels à l'intervention de l'Etat lancés par les associations philanthropiques ou les ligues de morale émaillent la période victorienne.

Cette prise de conscience n'est pas unanime, elle ne se fait pas sans tâtonnements, comme en témoignent le vote, puis le retrait des *Contagious Diseases Acts*, ou les oppositions entre les Libéraux et les Conservateurs qui soutenaient plutôt les initiatives philanthropiques privées.

Certes, la société anglaise a toujours légiféré sur ces questions[21]. Mais il y a différentes conceptions de l'Etat. Tout dépend du pouvoir qu'il incarne.

Matthew Arnold pense à une forme d'Etat spécifique. A ses yeux, l'Etat est d'un principe bien supérieur, et *il n'est entre les mains d'aucune classe sociale*. L'Etat doit être l'expression de notre meilleur moi et constituer le cadre de la nation. Même si l'Etat s'est révélé trop souvent dans la réalité une autorité despotique, il est essentiel que l'Angleterre en accepte le principe, car elle n'est pas en danger de lui manifester une trop grande confiance (*CA* 124-25). Au contraire, le peuple anglais n'a généralement pas de représentation de l'Etat. Il peut concevoir ce qu'est la patrie, qui est une notion affective, mais l'Etat « *as a working power* » est une idée qui lui est étrangère. Ainsi Matthew Arnold défendait-il une idée de l'Etat qui était refusée par la plupart de ses compatriotes.

---

20. — George R. Sims, *How the Poor Live*, London, 1883, p. 63.
21. — W.K. Jordan, *Philanthropy in England, 1480-1660*, New York, 1959 et David Owen, *English Philanthropy 1660-1960*, London, Oxford University Press, 1965.

Sa vision est celle qui avait dominé pendant certaines périodes de l'antiquité et qui existait à l'époque en France. Dans cette conception, l'Etat, qui est l'émanation nationale de la raison, se trouve au-dessus des classes et des citoyens. En matière de croyance — Arnold le répète dans *Culture and Anarchy* comme il l'avait déjà écrit dans *The Popular Education of France* en 1861 — le rôle de l'Etat est de participer de la religion de tous :

> *The State is of the religion of all citizens without the fanaticism of any of them.*

Or, Matthew Arnold craint de voir en Angleterre le pouvoir de l'Etat confisqué par une seule classe sociale. En effet, s'il imagine ce que pourrait être l'hégémonie de la classe aristocratique, Matthew Arnold ne peut que conclure à l'impossibilité d'une telle éventualité. L'aristocratie est faite pour les périodes de concentration, « *epochs of concentration* ». Comme le note J.-L. Chevalier, Arnold distingue dans *The Function of Criticism at the Present Time*, des « périodes d'expansion » (comme la Renaissance ou celle même qu'il est en train de vivre) où se développent l'esprit critique et la curiosité intellectuelle, et des « périodes de concentration », comme celle qu'a vécu la Grande-Bretagne dans la première partie du XIXe (*CA* 101, n. 22).

« *Their security, their high spirit, their power of haughty resistance* » (*CA* 90) qui sont les plus grandes qualités de l'aristocratie, sont inefficaces en période d'expansion. Son goût du pouvoir hégémonique fait même courir des risques à la nation. Dans le meilleur des cas, les aristocrates se verront forcés de développer des qualités non aristocratiques (industrie, travail, pensée) qui neutralisent leurs qualités innées (orgueil, esprit de défi, goût de la résistance).

En dépit des risques, une donnée rend essentiel le développement de l'Etat en Grande-Bretagne : la propension du moi ordinaire de chaque classe et de chaque individu à souhaiter agir à sa guise (« *doing as he likes* »), la passion du peuple anglais pour « *the assertion of personal liberty* » (*CA* 83).

Volonté de liberté dans les pratiques religieuses, et dans l'organisation des églises, dans le commerce et l'économie, dans le système éducatif, cette aspiration à la liberté est le plus souvent inconsidérée et n'est pas fondée sur l'élément qui devrait être déterminant, notre conscience. Plus grave encore, alors que dans l'ère d'expansion que nous connaissons, notre unique préoccupation devrait être de construire une « *harmony of ideas* » (*CA* 91), l'adhésion aveugle à l'idée que chacun a le droit de faire ce que bon lui semble, provoque l'anarchie.

Le mépris qu'avait Arnold pour les biens matériels montre assez que ce qu'il craint essentiellement, ce n'est pas que l'on attente à ses propriétés ou même à sa personne. Il est utile, nous semble-t-il, de mettre en perspective le ton du texte de Matthew Arnold contre l'anarchie et le désordre créé par la plèbe de Londres en 1866 avec les propos autrement menaçants et haineux, que George Sims[22] proférait une dizaine d'années plus tard :

> *This mighty mob of famished, diseased and filthy helots is getting dangerous, physically, morally, politically dangerous. The barriers that have kept it back are rotten and giving way, and it may do the State a mischief if it be not looked to in time. Its fever and its filth may spread to the homes of the wealthy: its lawless armies may sally forth and give us a taste of the lesson the mob has tried to teach now and again in Paris, when long years of neglect have done their work.*

Ces propos contrastent avec le récit que Matthew Arnold fait à sa mère des événements londoniens :

> *The whole thing has been an exhibition of mismanagement, imprudence and weakness almost incredible; but things being as they are in this country, perhaps the turn the matter has taken is not to be regretted; even Walpole's absurd behaviour and talking and shilly-shallying and crying of good feeling have been of use in bringing about a state of good feeling in which the disturbance may gradually die away without either side getting a victory.*[23]

---

22. — George Sims, *op. cit.*, p. 28-29.
23. — Matthew Arnold, Letter to his mother, 27th July 1866 *in* Clinton Machann and Forrest D. Burt, *op. cit.*, p. 192.

Il s'agit pour Arnold de combattre la seule donnée qui détruit tout espoir de culture, tout espoir de développer la juste raison.

Or dans la presse, férue de liberté individuelle, deux théories s'affrontent, aussi molles l'une que l'autre : la première défendue par *The Times* avance l'idée que la sagesse se fonde sur les concessions mutuelles et que toutes les idées se valent. C'est une « *melancholy doctrine* » (*CA* 119) en vertu de laquelle chaque Britannique a le droit de faire ce qui lui plaît (« *of doing as he likes* »). La seconde représentée par *The Daily News* prône « *a [...] British form of Quietism* » (*CA* 119), appuyée sur la conviction que la Providence agit pour le mieux et qu'il convient au contraire de se méfier de l'action de l'Etat.

L'idée que chacun est libre de faire ou de penser ce qui lui chante a également pour conséquence qu'il n'existe aucun centre d'information et de goût en Grande-Bretagne. Le citoyen opposera sans s'émouvoir une grande voix médiatique comme *The Saturday Review* à un petit journal non-conformiste *The British Banner* truffé de propos édifiants.

Et l'on se gardera de créer à l'instar de l'Académie française, une Académie susceptible de constituer une autorité solide capable d'aider à développer le moi ideal et la droite raison des sujets britanniques.

> *We see, then, how indispensable to that human perfection which we seek is, in the opinion of good judges, some public recognition and establishment of our best self, or right reason.* (*CA* 125)

Enfin, si l'esprit de liberté n'entraînait guère de conséquences sur l'état de la cohésion nationale quand il n'animait que les Barbares ou les Philistins, il est devenu dangereux depuis qu'il a été adopté par « *the Populace* » qui a abandonné toute « *deference* ». Car la Plèbe, même si elle ne se révèle guère dangereuse pour le moment, peut provoquer à terme une désintégration de l'ordre social.

> *...He [the rough] falls into the habit of taking it oftener and oftener, and at last begins to create by his operations a*

> *confusion of which mischievous people can take advantage...*
> (*CA* 89)

C'est pourquoi les émeutes, les batailles de rues, les tentatives de révolte doivent être impitoyablement réprimées. Matthew Arnold n'en finit pas de se moquer des « mains tremblantes » du ministre de l'intérieur et des responsables philistins de la municipalité de Londres à cause de leur impuissance à intervenir lors des manifestations.

On se souvient que Spencer Horatio Walpole, *Secretary of State for Home Affairs*, avait démissionné après les émeutes de Hyde Park et que Samuel Wilson, *alderman* et colonel de la Milice royale de Londres, avait défilé avec ses hommes, sans s'opposer aux manifestants (*CA* 101, n. 12).

Trop de liberté donnée à chacun au gré de ses désirs et de ses besoins ne produit que le désordre et l'anarchie. Or, l'anarchie, conclut Matthew Arnold, est intolérable pour la raison que la culture « qui est la perfection » ne peut exister sans société, et la société et l'Etat ne peuvent exister sans sécurité.

Quelle que soit la cause à défendre, aussi noble qu'elle puisse être, elle ne peut être soutenue par des manifestations de rues.

Le désordre, qui est violence irrationnelle, s'oppose à la douceur et à la lumière, et empêche de bâtir une œuvre durable. Seul l'Etat, du moins tel que le conçoivent nombre de pays du continent, devrait permettre à la Grande-Bretagne de redresser la barre et d'œuvrer pour préparer le règne de la perfection.

A la différence des conservateurs qui soutiennent que les Barbares devaient garder leur héritage, à la différence des libéraux qui tenaient pour les Philistins, à la différence des radicaux enfin qui espéraient confier l'héritage du pouvoir à la Plèbe, Matthew Arnold conclut *Culture and Anarchy* par cette déclaration :

> *We [....] are for giving the heritage neither to the Barbarians nor to the Philistines, nor yet to the Populace; but we are for the transformation of each and all of these according to the law of perfection.* (*CA* 185)

Chapitre VI
Education, culture et religion

Il peut paraître réducteur de lier dans ce chapitre éducation et culture comme si la culture était scolaire, mais nous verrons que le lien se trouve en réalité chez Arnold dans le rôle qu'il accorde à l'Etat dans ces deux domaines. Quant à la religion, sujet central de si nombreuses controverses victoriennes, elle fait intrinsèquement partie de la culture personnelle d'Arnold. Il la place dans une relation historique et didactique fondamentale avec la culture afin d'atteindre cette perfection qui est selon lui le seul but.

On constatera également que ces trois grands domaines de l'activité de l'esprit humain ont une place prépondérante dans la formation et la vie de Matthew Arnold et tiennent de bout en bout dans *Culture and Anarchy* une place essentielle, à la fois centrale, comme l'indique évidemment le titre, et contrapuntique, comme l'organisation de la cohérence de la pensée d'Arnold nous y a habitués.

La démarche intellectuelle d'Arnold est très marquée par son expérience de l'enseignement. Une expérience où l'élément personnel se mêle totalement à la réflexion théorique et aux principes fondamentaux.

Est-il besoin de rappeler l'influence du père de Matthew Arnold, l'un des grands réformateurs de l'enseignement secondaire anglais au début du XIXe siècle ? Cette hérédité n'était peut-être pas suffisante pour engendrer chez Arnold une passion pour l'enseignement. Dans le discours qu'il fit le jour de son départ en retraite du poste d'inspecteur général des écoles, en 1886, il déclara :

> ...though I am a schoolmaster's son I confess that school teaching or school inspecting is not the line of life I should naturally have chosen.

Arnold est un authentique professionnel de l'enseignement et ses remarques ne sont pas fondées sur une théorie de salon mais sur son expérience de terrain. Nous avons vu qu'au début de sa carrière, Arnold était chargé d'inspecter les écoles dépendant des églises puritaines (les *Dissenters*). On retrouve les effets de cette familiarité avec les objectifs des *Dissenters* dans nombre de remarques sur les Philistins.

Notons en passant que Matthew Arnold ne se laisse pas aveugler par un préjugé anti-*Dissenter* hérité de son père ou formé au fil de son analyse de la société. Nous pouvons constater dans ses rapports d'inspection qu'il lui arrive de se féliciter de la qualité d'une école tenue par les *Dissenters*, il écrit par exemple en 1856 de l'une d'entre elles qu'elle a atteint « *a condition of efficiency quite out of all proportion with the barbarism of the district in which [it is] found* ». Et il ajoute que cette situation

> *does infinite credit to the zeal of [its] promoters and to the labour of [its] teachers, and cannot fail in the end to tell powerfully upon the civilisation of the neighbourhood.*[1]

L'éducation scolaire en Angleterre au XIXᵉ siècle ne se limite pas aux célèbres *public schools* au sein desquelles la réforme pédagogique du Dr Thomas Arnold s'est faite sentir et dont Matthew Arnold a été l'élève au demeurant parfois turbulent.

Depuis le XVIᵉ siècle au moins, l'aristocratie anglaise s'est aperçue de la qualité de l'enseignement dispensé dans ces fondations charitables que sont initialement les *public schools* et a pris l'habitude d'y envoyer ses enfants — tout au moins ses fils. Eton, Harrow, Winchester, Rugby, St Paul, Westminster et quelques autres écoles sont ainsi devenues des établissements fréquentés par les fils de l'aristocratie. La deuxième moitié du XVIIIᵉ siècle et le XIXᵉ siècle ont vu l'apparition sur leurs bancs de quelques enfants de la haute bourgeoisie, et notamment de la classe des grands entrepreneurs industriels et

---

1. — « Matthew Arnold's Reports on Elementary Schools », cités dans *Matthew Arnold and the Education of the New Order*, edited by Peter Smith and Geoffrey Summerfield Cambridge, Cambridge University Press, 1969, p. 213.

financiers — mais cette éducation, que le Dr Thomas Arnold rendra beaucoup plus rigoureuse sur le plan de la discipline et beaucoup plus riche dans son contenu, demeure « *the backbone of England* » et les Victoriens évoquent avec fierté la phrase du Duc de Wellington : « *The battle of Waterloo was won on the playing-fields of Eton* ».

A l'autre extrémité de l'échelle sociale, on trouve quelques tentatives de scolarisation destinées aux enfants des classes urbaines les plus défavorisées. C'est en particulier le cas des *Ragged schools* fondées en 1835 sous l'impulsion du grand philanthrope Lord Shaftesbury.

Ces écoles, inspirées des *Sunday schools* ouvertes dans chaque paroisse pour y donner l'instruction religieuse, ne sont souvent guère que des « garderies ». L'enseignement des rudiments de la lecture, de l'écriture, du calcul et de l'instruction religieuse y est assuré par des bénévoles encadrés par une poignée de salariés à plein temps. En 1867, Lord Shaftesbury peut s'enorgueillir du fonctionnement de 226 écoles à Londres fréquentées plus ou moins régulièrement par 26 000 enfants.

Lord Shaftesbury va cependant peser de tout son poids au Parlement pour empêcher le vote de plusieurs projets de création d'un véritable enseignement public. Il s'oppose en 1850 au projet de William Fox et à nouveau en 1870 au projet de ce qui va devenir la première grande loi scolaire anglaise. Pour lui, « *religion must be the alpha and omega of all education given to the poorer classes* ». Il écrira dans son journal intime :

> *I dread, sadly dread, these schemes of national education... Such a plan is a death-warrant to the teaching of Evangelical religion. It had better be called "a water-rate to extinguish religious fire among young people".*

Matthew Arnold admire, on le sait, l'exemple de la France et d'un système d'enseignement à l'initiative de l'Etat — même s'il n'est pas encore aussi développé que le modèle que va consacrer l'action de Jules Ferry. Il s'oppose donc totalement à la conception de Lord Shaftesbury pour qui le salut des âmes passe avant l'éducation des esprits, et la charité philanthropique avant la démocratie.

En Angleterre, entre les cas extrêmes des *public schools* d'une part et des *Ragged schools* de l'autre, se sont développées de très nombreuses écoles créées le plus souvent à l'initiative des diverses églises, mais aussi d'associations professionnelles ou d'entrepreneurs animés d'un esprit philanthropique.

Ce sont essentiellement ces écoles qu'Arnold inspecte. Elles reçoivent des autorités publiques une modeste subvention. En 1861, Robert Lowe réforme le mode d'attribution de cette subvention et lie désormais l'attribution de fonds publics aux résultats d'examens créés par la même réforme pour les enfants de sept et onze ans et dont le but est :

> not to develop the higher intellectual life of an elementary
> ° school, but to spread and fortify, in its middle and lower
> portions, the instruction in reading, writing and arithmetic,
> supposed to be suffering.[2]

Arnold attaque courageusement cette réforme dans son article *The Twice Revised Code* et il lui fait deux reproches graves et solennels :

> What the Revised Code will actually do, is to reduce
> considerably the grants at present contributed by the State
> towards the support of schools for the poor.[3]

Une telle action ne peut que renforcer la précarité de l'enseignement primaire contre laquelle Matthew Arnold s'élève dans *Culture and Anarchy*, et confiner les enfants, et notamment ceux des classes pauvres, dans un état d'inculture.

L'autre reproche cadre bien également avec la démonstration de *Culture and Anarchy* :

> For it withdraws from popular education, so far as it can, all
> serious guidance, all initiatory direction by the State; it makes
> the action of the State upon this as mechanical, as little
> dynamical as possible.[4]

---

2. — « Matthew Arnold's Reports on Elementary Schools », *op. cit.*, p. 206.
3. — Matthew Arnold, *The Twice Revised Code*, edited by Peter Smith and Geoffrey Summerfield, *op. cit.*, p. 158.
4. — Matthew Arnold, *op. cit.*, p. 186.

On retrouve ces deux critiques au centre même de l'argument de Matthew Arnold sur l'éducation : il soutient que la véritable éducation ne peut se borner au savoir utilitaire ; il utilise le terme *mechanical* pour qualifier l'anti-culture des Philistins, ce Leviathan de l'esprit.

L'éducation dont il rêve est une éducation de l'intelligence. Il en a une conception et une conscience très précises. Elle n'est pas étrangère aux préoccupations de l'inspecteur des écoles qui dans un des rapports de 1860 vitupérait les manuels scolaires :

> *Dry scientific disquisitions, and literary compositions of an inferior order, are indeed the worst possible instruments for teaching children to read well...and these books [are] to be some poor child's Anthology of a literature so varied and so powerful as the English!*[5]

On trouve une définition plus positive des résultats que peut atteindre l'éducation scolaire dans un rapport daté de 1874 :

> *The animation of mind, the multiplying of ideas, the promptness to connect, in the thoughts, one thing with another, and to illustrate one thing by another, are what are wanted; just what* letters*, as they are called, are supposed to communicate.*[6]

Il revient très clairement sur le sujet dans la préface de *Culture and Anarchy* :

> *...to enable and stir up people to read their Bible and the newspapers, and to get a practical knowledge of their business, does not serve to the higher spiritual life of a nation so much as culture, truly conceived, serves; and a true conception of culture is, as M. Renan's words show, just what America fails in.* (*CA* 201)

Nous trouvons donc une définition extrêmement exigeante de ce qu'est, ou doit être, l'éducation. Elle ne peut se

---

5. — Peter Smith and Geoffrey Summerfield, *op. cit.*, p. 215.
6. — Peter Smith and Geoffrey Summerfield, *op. cit.*, p. 221.

satisfaire des objectifs définis par Gathorne Hardy dans le discours cité par *The Times* du 5 octobre 1861 :

> *The duty of a State in public education is, when clearly defined, to obtain the greatest possible quantity of reading, writing and arithmetic for the greatest number.*

L'éducation ne saurait être séparée de la définition que donne Arnold de la culture.

On a pu, paradoxalement, reprocher à cette définition d'être à la fois trop élitiste et trop générale car elle ne se limite pas aux arts et à la littérature. L'un des plus fidèles disciples d'Arnold, T.S. Eliot, écrira même : « *Bishops are part of English culture, and horses and dogs are part of English religion* »[7]. En effet, elle ne se limite pas aux arts et à la littérature. Arnold la définit avant tout comme un instrument, un moyen pour accéder à la perfection totale, par où il entend la perfection dans tous les domaines. Il écrit dans la préface de *Culture and Anarchy* :

> *...culture being a pursuit of our total perfection by means of getting to know, on all the matters which most concern us, the best which has been thought and said in the world; and through this knowledge, turning a stream of fresh and free thought upon our stock notions and habits, which we now follow staunchly but mechanically, vainly imagining that there is a virtue in following them staunchly which makes up for the mischief of following them mechanically.* (*CA* 190)

Et il ajoute, qu'il conçoit « *true human perfection as a* harmonious *perfection, developing all sides of our humanity; and as a* general *perfection, developing all parts of our society* » (*CA* 192).

Cette conception de la culture est pour Matthew Arnold la seule solution aux problèmes qui assaillent la société victorienne de son temps. On voit quelle tâche ambitieuse il assigne à l'éducation, et dans l'organisation de l'éducation à l'Etat,

---

7. — T.S. Eliot, *Notes Towards the Definition of Culture*, London, Faber & Faber, 1948, p. 32.

seul représentant légitime de tous les éléments de la société et seul garant de la qualité de la culture nationale.

Nous avons vu l'intérêt passionné que les contemporains de Matthew Arnold prenaient à la controverse religieuse — au point de lui donner son plus grand succès de librairie avec *Literature and Dogma.* L'atmosphère d'extrême piété dans laquelle il avait été élevé, les prises de position publiques de son père et de son parrain, John Keble, avaient fortement marqué son esprit — au point, on le sait, de provoquer une violente réaction de rejet après la mort de son père et dans les premières années de sa vie à Oxford puis à Londres. Cette période de dandysme était cependant beaucoup plus que la révolte juvénile contre le mode de vie familial que sa mère voulait y voir lorsqu'elle déclarait « *Matt is a good Christian at bottom* »[8].

Nous avons décrit le type de foi que le Dr Thomas Arnold professait. Tenant de la *Broad Church*, adepte d'une croyance mêlée de rationnel, persuadé du rôle social de l'Eglise anglicane, on pourrait dire que, quant à lui, Matthew Arnold s'intéressait moins à la foi qu'au sentiment religieux, moins à la révélation contenue dans la Bible qu'au message culturel de cette œuvre littéraire, moins aux questions religieuses qu'aux questions ecclésiastiques ou ecclésiales. L'ironie amère en moins, il est, par plus d'un côté, le disciple de Jonathan Swift tournant en dérision gros-boutiens et petit-boutiens dans *Gulliver* ou dénonçant l'égale folie de Jack et de Peter, des puritains et des papistes, dans *The Tale of a Tub.* Son éloge de l'Eglise anglicane établie dans la préface de *Culture and Anarchy* « *One may say that to be reared a member of a national Church is in itself a lesson of religious moderation* » (*CA* 195), rejoint le portrait que fait Swift de Martin dans la première partie de *The Tale of a Tub.*

Il faut replacer la pensée religieuse de Matthew Arnold dans le cadre de la controverse générale de son temps d'une

---

8. — Stefan Collini, *Arnold, op. cit.*, p. 94.

part, et d'autre part dans le cadre de sa conception personnelle de l'homme et de la société.

A part une petite communauté juive bien intégrée (les dernières dispositions discriminatoires sont abolies en 1858) et en partie christianisée (comme Benjamin Disraeli), le Royaume Uni est, à l'époque d'Arnold, entièrement de religion chrétienne. On compte un petit nombre d'athées militants, mais la plupart des Britanniques non pratiquants se considèrent au moins comme nominalement chrétiens, adeptes de l'une ou l'autre des églises, et, une certaine tradition anticléricale populaire n'empêche pas une adhésion générale à la morale chrétienne et une identité culturelle commune malgré les nuances traditionnelles. L'époque victorienne est donc entièrement marquée par l'influence des différentes églises chrétiennes.

Il ne faut pas oublier, en dépit de la baisse constante de la pratique religieuse que révèle le recensement de 1851 (entre 40 et 60 % « seulement » des Britanniques pratiquent régulièrement une religion), l'existence du piétisme qui imprègne la société et surtout ce trait commun à toutes les églises, sectes ou chapelles qu'est la prédication morale. La pratique religieuse peut diminuer, mais la morale religieuse, souvent la morale religieuse la plus étroite, marque la société d'une empreinte très forte, qui n'élimine pas les transgressions, mais qui encore aujourd'hui est restée liée à l'image de la période victorienne.

On a souvent comparé la société religieuse britannique du XIXe siècle à un sandwich dans lequel l'anglicanisme est représenté par le pain et les diverses églises non conformistes par la tranche de viande. Les anglicans sont très largement majoritaires dans les couches supérieures de la population (aristocratie, grands propriétaires fonciers, haute bourgeoisie), ainsi que dans les classes populaires (en particulier rurales). Les non-conformistes sont en revanche majoritaires dans les classes moyennes.

Cette image est un peu simplifiée, mais F. Bédarida en reconnaît la validité globale[9]. Les fidèles de l'Eglise catholique

---

9. — François Bédarida, *La Société anglaise, 1851-1975*, Paris, Librairie Arthaud, 1976, p. 112.

se répartissent à peu près de la même façon que les anglicans, d'une part parmi la vieille aristocratie et les quelques grandes familles de propriétaires fonciers qui descendent des réfractaires au schisme d'Henry VIII et des Jacobites, et d'autre part parmi les immigrés irlandais venus en Angleterre chercher un sort meilleur. Le sentiment antipapiste (et anti-irlandais) est généralement assez fort dans le pays, et entretenu par des ligues ou associations protestantes, comme en témoignent les conférences d'un Mr Murphy cité par Matthew Arnold, mais les catholiques reçoivent le renfort d'intellectuels prestigieux issus du Mouvement d'Oxford et leur nombre est en net accroissement tout au long du XIXᵉ siècle (il passe de 120 000 en 1800 à plus de 700 000 en 1851). Les diverses mesures qui restreignaient leurs droits civils et civiques ont été levées (1828), mais comme les non-conformistes, ils restent cependant encore écartés des universités jusqu'à la deuxième moitié du siècle.

Notons également la convergence entre cette image du sandwich et les divisions de la société, entre Barbares, Philistins et Plèbe que propose Matthew Arnold.

Cette tranche médiane correspond aux classes moyennes, fidèles des églises non conformistes, et donc aux Philistins.

On se souvient que l'Eglise d'Angleterre est née d'une série d'événements politiques et religieux qui ont abouti, au XVIᵉ siècle, à la constitution d'une église nationale, placée sous l'autorité du souverain qui nomme les membres de la hiérarchie épiscopale et conserve ostensiblement le titre de défenseur de la foi (*Fidei defensor*) conféré à Henry VIII par le pape pour sa réfutation des thèses de Luther. Le corps doctrinal inscrit dans les *39 Articles* est un compromis entre catholicisme et luthérianisme. L'église anglicane est donc dans une large mesure une église de compromis gardant de Rome l'autorité d'un chef unique (mais laïc), le cérémonial majestueux, la hiérarchie épiscopale et la plupart des sacrements, mais s'inspirant de Luther pour adopter la langue vernaculaire, autoriser les prêtres à se marier, « purifier » la vie religieuse de pratiques considérées comme relevant du simonisme ou de la superstition. L'Eglise d'Angleterre est l'église officielle du royaume (*the Established Church*), ce qui implique que son clergé est nommé et entretenu par le système des bénéfices ecclésiastiques, qu'il a seul le droit de pratiquer les actes de l'état civil (il tient les registres de baptêmes, de décès et célèbre les seuls mariages reconnus valides sans intervention d'un « mariage civil »). Il a le monopole de l'enseignement supérieur et un quasi-monopole de fait de l'enseignement primaire (dont il dirige 90 % des établissements jusqu'en 1870). C'est aussi l'église de toute célébration officielle, dans les rites de laquelle le souverain est couronné et qui réunit le culte divin avec le culte royal et national.

On comprend mieux l'admiration que professe Matthew Arnold pour l'église anglicane : la modération et la tolérance qu'il associe avec le caractère d'église établie, sont liées au caractère de compromis religieux et politique qui est au centre de l'histoire de cette église. D'autre part, son implication historique et culturelle dans la vie nationale, son patrimoine architectural et intellectuel, lui donnent ce caractère de lien organique avec l'identité culturelle nationale qu'Arnold exalte dans la préface de *Culture and Anarchy*. Cependant, l'Eglise anglicane est parcourue de courants différents, qui vont du protestantisme le plus dépouillé à l'anglo-catholicisme ; le maintien de sa domination et de son caractère consensuel est menacé par le retour en force relatif du catholicisme et par l'expansion des églises non-conformistes dont le pouvoir économique et social va croissant.

On connait la boutade de Voltaire dans les *Lettres anglaises*, disant que contrairement à la France où existent trois religions et trois cents sortes de fromages, il existe en Angleterre trois sortes de fromages et trois cents religions. La troisième composante des églises chrétiennes est en effet fragmentée en dizaines (sinon en centaines) de confessions (« *denominations* ») — qui chez les non-conformistes sont souvent appelées *chapels*, car le mot *church* est réservé à l'église établie.

Cette diversité est le reflet de l'histoire religieuse anglaise et de la tolérance générale dont ont bénéficié ces églises (à part quelques épisodes de persécution, comme celui qui a poussé les pélerins du *Mayflower* à émigrer vers les colonies d'outre-Atlantique). Le terme utilisé pour désigner ces églises est le reflet de cette histoire. Le premier terme rencontré dans l'histoire, dès la fin du XVIᵉ siècle, est celui de *Dissenters*. Il fait donc allusion à une dissidence (religieuse, mais surtout politique, car les membres des *Dissenting churches* refusent de prêter serment au souverain anglican). Le mot *Dissenters* va peu à peu laisser la place à celui de *Non-conformists*, qui fait allusion à une déviation spirituelle ; puis à celui de *Free-churches*, terme à connotation positive désignant des églises non inféodées au pouvoir central officiel. Cette poussière d'églises comporte une dizaine de confessions d'importance numérique et spirituelle variable :

L'église dont le nombre de fidèles est, de loin, le plus élevé, est l'église méthodiste. Issue en grande partie de l'église anglicane dans laquelle son fondateur, John Wesley, exerça longtemps son ministère, elles est la plus récente des églises protestantes non-conformistes. Très proche de la *Low Church* anglicane, inspirée par le mouvement évangélique, elle pratique un culte très dépouillé où les prédicateurs laïques (*Lay preachers*) peuvent prendre la parole en chaire, et où l'émotion joue un rôle primordial, et s'exprime sous la forme de cantiques très populaires et d'une prédication fervente qui se plaît à décrire les tourments de l'enfer et les bienfaits de l'amour divin. De toutes les églises qu'Arnold désigne collectivement sous le terme volontairement archaïsant de *Dissenters*, c'est celle qui a le plus pénétré les couches populaires (en particulier industrielles et urbaines) et mis en place le réseau le plus remarquable d'écoles et d'associations philanthropiques. Les églises méthodistes étaient divisées entre plusieurs tendances qui ne furent unifiées qu'au XXᵉ siècle.

Aussitôt après les Méthodistes, on trouve les églises non-conformistes les plus anciennes, contemporaines, en fait, de la Réforme. Ce sont les Presbytériens, les Congrégationalistes et les Baptistes.

Les Presbytériens ont été fondés en Ecosse par John Knox, un disciple de Jean Calvin et sont opposés à toute hiérarchie. Leur Eglise est gouvernée par des conseils d'anciens, élus et, en Ecosse, où elle est établie (*the Kirk*), par un *Moderator*, élu pour quelques années. Le dépouillement de leur culte est très grand, et leur aspect iconoclaste les a poussés à détruire maints vitraux et tableaux religieux là où ils ont été majoritaires, dans les temps troublés qui suivirent la Réforme ou pendant la guerre civile du XVIIe siècle.

Les liens entre Presbytériens et Congrégationalistes sont nombreux. Les uns et les autres formaient les puritains. Calvinistes, opposés eux aussi à une hiérarchie épiscopale, les Congrégationalistes vivaient et priaient en paroisses gouvernées par des anciens, élus par les paroissiens. Contrairement aux Presbytériens, ils n'avaient pas d'organisations élues hiérarchisées et insistaient beaucoup sur l'importance de l'initiative individuelle et de l'autonomie de chaque paroisse, où la présence d'un pasteur n'était pas sytématique. Leur insistance sur l'autonomie individuelle et paroissiale leur valut le qualificatif d'« indépendants ». Alors que les Presbytériens voyaient leurs effectifs diminuer hors d'Ecosse au XVIIe siècle, les Congrégationalistes connurent une expansion considérable, en particulier au XIXe siècle. Notons en passant que la proximité entre Presbytériens et Congrégationalistes a connu un aboutissement logique au XXe siècle en la fusion des deux églises (hors d'Ecosse) sous le nom de *United Reformed Church*.

Une troisième variété de puritains est constituée par les Baptistes dont le signe extérieur le plus voyant est le baptême (en général par immersion) des adultes. Divisés en *General Baptists* et *Particular Baptists*, organisés selon des principes similaires à ceux des Congrégationalistes, ils fournirent de nombreux militants radicaux en politique, en particulier au XVIIIe et au début du XIXe siècle.

Méthodistes, Presbytériens, Congrégationalistes et Baptistes constituent ces *Dissenters* si souvent stigmatisés par Matthew Arnold et qui, au XIXe siècle, s'identifient largement avec les classes moyennes urbaines.

Il existe d'autres églises ou *chapels* dans la mouvance des *Dissenters*. Ce sont notamment les *Quakers* et les *Unitariens*. Peu nombreux, les *Quakers*, non-violents et pratiquant une vie ecclésiale réduite à sa plus simple expression, sans clergé ni hiérarchie, même presbytérale, ont exercé une influence assez considérable sur la vie morale de la Grande-Bretagne et ont compté dans leurs rangs de très nombreux industriels ou autres grands entrepreneurs.

Les *Unitariens*, apparus en Grande-Bretagne au XVIIIe siècle, tout au moins sous une forme organisée, ne sont *stricto sensu* pas des chrétiens, puisqu'ils nient le caractère divin du Christ et de l'Esprit-Saint et s'opposent donc au dogme de la Trinité. Proches des Presbytériens pour des raisons de sensibilité religieuse générale, ils sont peu nombreux mais ont joué un rôle assez important dans les querelles théologiques. Les Sociniens, mentionnés par Matthew Arnold, représentent une branche des Unitariens.

On trouve encore quelques autres églises : les *Plymouth Brethren*, les Mormons d'Angleterre, les Adventistes et l'Armée du Salut qui est en cours de constitution au moment où Arnold écrit *Culture and Anarchy*.

La situation religieuse générale est donc extrêmement diversifiée et la prolifération de ces églises dissidentes est la marque de la vivacité de la polémique religieuse. Mais la rivalité entre ces églises établies, romaines ou dissidentes n'est pas la seule source de polémique religieuse au XIXe siècle.

En plus des querelles et rivalités traditionnelles entre protestantisme et catholicisme, ou des tendances collectives ou individuelles à la tolérance ou au fanatisme, on relève essentiellement deux grandes controverses religieuses dans l'Angleterre du XIXe siècle. L'une est une sorte de bipolarisation entre le Mouvement d'Oxford et *the Evangelical Revival*. Ce dernier est un mouvement évangélique prônant un retour au Christianisme primitif, un grand dépouillement rituel, une absence de hiérarchie, et qui accorde beaucoup d'importance à la part affective, émotive, dans la réponse de l'homme à l'appel de Dieu. Distinct du puritanisme, ce mouvement se développe au sein de l'Eglise anglicane, en grande partie dans la mouvance wesleyenne née au siècle précédent. Il va donner naissance à ce que l'on appelle la *Low Church*, par opposition à la *High Church*, attirée, elle, par le Mouvement d'Oxford. On trouve à l'origine du Mouvement d'Oxford ou *Tractarian Movement*, trois universitaires d'Oxford : John Keble, le propre parrain de Matthew Arnold, John Henry Newman, qui quittera l'Eglise anglicane pour rejoindre l'Eglise catholique et sera nommé cardinal, et E.B. Pusey. Pour les adeptes du Mouve-

ment d'Oxford, l'Eglise d'Angleterre est coupable d'apostasie ;
c'est-à-dire de renoncement à la véritable foi chrétienne. Sans
prêcher un retour pur et simple au sein de l'Eglise romaine, les
Tractariens veulent indéniablement s'éloigner de la partie la
plus protestante du compromis anglican pour se rapprocher
sinon du Pape, du moins de la doctrine catholique. Mouvement
universitaire, mouvement intellectuel, il se confondra un
moment avec la *High Church*, cette partie de l'Eglise anglicane, très attachée au cérémonial et à la hiérarchie épiscopale,
qui se définit volontiers comme anglo-catholique.

L'autre grande controverse, qui va atteindre son point
culminant avec la publication des travaux de Darwin, est celle
qui se développe autour du littéralisme. Cette attitude qui
consiste à s'attacher à une interprétation littérale des Ecritures,
depuis le récit de la création dans la Genèse jusqu'aux récits
de miracles ou aux prédictions de l'Apocalypse de Saint Jean,
est particulièrement caractéristique de certains milieux protes-
tants, en Grande-Bretagne et aux Etats-Unis, à un moindre
degré dans les pays scandinaves et germaniques. C'est au nom
de ce littéralisme que les « créationnistes », ainsi qu'ils se
dénomment eux-même aux Etats-Unis, ont fait condamner
dans les années 1920 un professeur de sciences naturelles amé-
ricain qui enseignait l'évolution des espèces, ou qu'ils ont
imposé de présenter dans les écoles la création divine et l'évolution comme deux « hypothèses » équivalentes.

C'est surtout au moment de la publication d'*Essays in
Criticism* en 1862 qu'Arnold s'est engagé dans cette controverse à l'occasion de la publication du livre de J.W. Colenso,
l'évêque anglican de Natal, *The Pentateuch and Book of Joshua
Critically Examined*. Il tourne en ridicule les efforts de cet
ecclésiastique pour moderniser l'interprétation de ces livres de
l'Ancien Testament tout en restant dans un cadre à peu près
aussi littéral. C'est ce qui incitera Arnold à soumettre la Bible
à la même démarche critique qu'une œuvre littéraire « ordinaire » — et qui lui vaudra une haine tenace de la part des lit-
téralistes mais aussi de presque tous les puritains et autre *Dissenters*, attachés au rôle central de la Bible dans tous les
aspects de la vie religieuse et morale.

Face à ces deux controverses, Arnold recourt à la dialectique hébraïsme/hellénisme ; il retrouve la marque du littéralisme et de l'esprit sectaire dans le philistinisme des classes moyennes et, ainsi qu'il l'explique clairement dans la préface de *Culture and Anarchy*, il élève le rempart de la culture.

La culture est, en effet pour Arnold, dans la définition qu'il donne de ce mot et que nous avons vue plus haut, ce qui pousse l'homme à rechercher la perfection — et la culture est selon Arnold supérieure à la religion, ou tout au moins au sentiment religieux, car celui-ci ne vise à développer qu'un seul aspect de notre humanité sans essayer d'atteindre à cette totalité de l'homme que recherche Arnold.

Dans cet effort de recherche de la perfection, Arnold considère que toutes les églises ne sont pas égales. Selon lui, seule une « église établie » peut atteindre à cette symbiose de la culture et de la religion qui non seulement engendre la tolérance, mais aussi mène à connaître ce qu'il y a de plus parfait dans tous les domaines de la vie intellectuelle et spirituelle.

En face de l'Eglise anglicane, il reproche aux *Dissenters*, par leur désir de se distinguer à tout prix de l'église nationale, de faire du séparatisme, du fractionnalisme une doctrine en elle-même. Il caractérise l'esprit du *Dissent* par la devise d'un de ses journaux, *The Nonconformist* : « *The Dissidence of Dissent and the Protestantism of the Protestant religion* » (*CA* 68).

Tendant aux *Dissenters* une main fraternelle — qui ressemble aussi à un piège — Arnold propose de réunifier les églises dissidentes « presbytériennes » avec l'église anglicane en une seule église établie en adoptant parallèlement à l'épiscopalisme anglican le presbytérianisme collégial des *Dissenters* — mettant ainsi au pied du mur les *Dissenters* en les privant de leur principal argument séparatiste :

> *...separation would cease to be the law of their religious order. And thus, —through this concession on a really considerable point of difference, that endless splitting into hole-and-corner churches on quite inconsiderable points of difference, which must prevail so long as separatism is the first law of a Nonconformist's religious existence, would be checked.* (*CA* 205)

Une telle démarche est bien sûr restée lettre morte et nous savons que la religion d'Arnold — qu'un Newman aurait sans doute mise en doute, comme celle de son père Thomas Arnold, qu'il interpellait en disant : « *But are you a Christian?* » — est toute orientée vers le désir de voir « *reason and the will of God triumph* ».

Il déplore dans la préface de *Culture and Anarchy* :

> ...we have found that the strongest and most vital part of English Philistinism was the Puritan and Hebraising middle class, and that its Hebraising keeps it from culture and totality. (*CA* 199)

Et, parlant des Etats-Unis, un pays où les Philistins forment la classe unique, il ajoute :

> ...when in the United States any spiritual side in man is wakened to activity, it is generally the religious side, and the religious side in a narrow way. Social reformers go to Moses or St Paul for their doctrines, and have no notion there is anywhere else to go to; earnest young men at schools and universities, instead of conceiving salvation as a harmonious perfection only to be won by unreservedly cultivating many sides in us, conceive of it in the old Puritan fashion. (*CA* 199)

Nous pourrions adopter en conclusion de ce passage sur la religion selon Matthew Arnold cette citation de Luther (« *a Philistine of Genius* ») qu'il rapporte et commente ainsi :

> Luther says admirably in his Commentary on the Book of Daniel: 'A God is simply that whereon the human heart rests with trust, faith, hope and love. If the resting is right, then the God too is right; if the resting is wrong, then the God too is illusory.' In other words, the worth of what a man thinks about God and the objects of religion depends on what the man is; and what the man is, depends upon his having more or less reached the measure of a perfect and total man. (*CA* 207)

Tel est le message de Matthew Arnold en matière de religion dans *Culture and Anarchy*.

Est-il besoin de rappeler combien, depuis la Terreur et la période napoléonienne, le système politique et culturel français constituait pour la grande majorité des Britanniques un contre-modèle ?

L'amélioration des relations entre la France et la Grande-Bretagne et la visite de la reine Victoria en 1855 à Paris, si elles rétablirent le flot des visites touristiques sur le continent, n'empêchaient pas les Anglais dans leur ensemble de considérer avec dédain les institutions françaises.

L'admiration que Matthew Arnold voue à ses voisins continentaux est donc un phénomène assez exceptionnel. Il s'impatiente de constater que le peuple anglais se trompe en pensant aller dans le sens du progrès et appartenir à une nation qui procure à ses citoyens toujours davantage de liberté et de prospérité.

La preuve qu'il se trompe ? C'est qu'aucun pays — et le peuple français moins que tout autre — ne cherche à l'imiter. Non pas que l'augmentation des moyens de production industrielle, la possibilité pour tous d'agir à sa guise dans le domaine politique et celui de l'éducation, la capacité de développer ses performances physiques, qui constituent pour les Britanniques autant de motifs de fierté, ne soient pas convoitées par leur voisins. Au contraire, en ce milieu de siècle, nombreux sont les peuples qui aspirent à la liberté, cherchent à développer leur industrie ou à fortifier leur corps. Or, dans ces trois domaines, les Anglais ont été des pionniers ; leur expérience est longue et ils devraient être pris pour modèle.

L'organisation politique de la cité grecque et le goût des exercices corporels ont constitué et constituent encore un idéal pour beaucoup ; la Grande-Bretagne aurait vocation à reprendre ce flambeau. Il n'en est rien :

It is strange with how little of love, admiration, or enthusiasm,
the world regards us and our freedom, our bodily exercises, and
our industrial prowess, much as these things themselves are
beginning to interest it. (*CA* 150)

Matthew Arnold voit dans cette absence d'amour et
d'enthousiasme du monde entier pour les activités britanniques, un signe de plus de la confusion dans laquelle se trouvent les Anglais qui agissent mécaniquement pour atteindre la
liberté ou la beauté sans chercher à les inscrire dans un idéal
de perfection et de bonheur. « *The rest of the world* » montre
en la matière la supériorité de ses aspirations, et ne confondant
pas moyens et fins, il se contente d'utiliser les moyens qu'a
expérimentés la Grande-Bretagne, sans lui manifester aucune
sorte d'admiration.

De l'admiration en revanche, Matthew Arnold en ressent
pour les structures de la France et de l'Allemagne, et pour l'esprit des autres « races ». Il se veut le contraire du Barbare, du
Philistin ou du Plébéien insulaires, contents d'eux et aveugles.
Il est l'esprit cosmopolite par excellence, et s'entend à reconnaître ailleurs la souplesse d'esprit qui fait défaut à ses compatriotes.

Ainsi, paradoxalement, si la manière dont fonctionnent
les appareils de l'Etat fortement structurés en France et en
Allemagne est incompréhensible pour les Anglais, c'est à cause
de leur propre engouement « mécanique » pour la liberté. Ils
confondent force et rigidité : ils ont une manière de réagir plus
réductrice encore que celle du lourd Etat prussien ou de l'Etat
français jacobin.

En réalité, un pays ne peut aller vers la droite raison
autrement qu'en édifiant des institutions qui permettent aux
individus qui le composent de développer leur meilleur moi.

Matthew Arnold en trouve l'exemple dans le système
d'instruction publique français. Il reprend à son compte le
point de vue d'Ernest Renan, qui tout comme Arnold, avait
cherché à concilier hébraïsme, hellénisme et rationalisme, et
soutient que le meilleur moyen dans les circonstances actuelles
d'obtenir davantage de liberté est d'augmenter l'intervention
de l'Etat :

> *A Liberal believes in liberty, and liberty signifies the non-*
> *intervention of the State.* But such an ideal is still a long way
> off from us, and the very means to remove it to an indefinite
> distance would be precisely the State's withdrawing its action
> too soon. (*CA* 124-5)

A l'opposé de l'Angleterre, la France dispose d'un Etat
fort qui rassemble sous son autorité la plus grande partie du
système éducatif. La coexistence d'un système d'Etat et de
l'initiative éducative privée permet de mesurer les avantages et
les inconvénients des deux systèmes du point de vue de la
recherche de la perfection.

Or, si Ernest Renan estime qu'il faut encore augmenter
l'emprise de l'Etat, on peut imaginer combien le système
anglais est éloigné de fournir aux compatriotes d'Arnold le
moyen d'affermir leurs propres bases dans la recherche de la
perfection.

L'opposition entre l'aspiration à la liberté des deux plus
vieilles nations du monde moderne par des voies totalement
opposées fournit à Matthew Arnold l'occasion de souligner à
chaque fois l'efficacité et la supériorité des moyens utilisés par
la France sur ceux qu'emprunte la Grande-Bretagne.

Pour les Anglais qui imposent le primat de la liberté personnelle dans un système qui a perdu les puissantes structures
du régime féodal, le danger est grand de voir le libéralisme
donner naissance à l'anarchie dans une société où chacun ne
vit plus la liberté qu'égoïstement, pour lui-même, à l'écart de
tout cadre culturel.

Telles qu'elles se sont constituées, les trois grandes
classes sociales anglaises ne voient que leur intérêt immédiat
qui est de se débarrasser de l'Etat. Le peuple plus que toute
autre classe refuse l'idée que chacun a un devoir civique à
remplir, qu'il est soumis à une entité supérieure — celle de
l'Etat.

On a pu s'en rendre compte lors de la guerre de Crimée
(1854-55), alors que les soldats français répondaient sans bron-
cher à l'ordre de mobilisation de l'Etat, la population anglaise
menaçait de se cacher dans les forêts plutôt que de répondre
à une éventuelle conscription. Ce qui a donné à l'ensemble des
Français cette haute idée de l'Etat, c'est, depuis 1789, la

conscription obligatoire des jeunes gens, c'est ce que Jules Michelet décrit dans la formule : la France, « une nation de barbares civilisés par la conscription »[1].

Une fois encore, dans *Culture and Anarchy*, la France montre sa supériorité dans la quête de la perfection :

> *Our masses are quite as raw and uncultivated as the French; and so far from their having the idea of public duty and of discipline, superior to the individual's self-will, brought to their mind by a universal obligation of military service...* (*CA* 84)

Le domaine où l'Angleterre a le plus à apprendre du Continent, c'est celui de l'agencement de l'éducation, car Arnold pense comme Renan que « la question de l'éducation est pour les sociétés modernes une question de vie ou de mort, une question d'où dépend l'avenir »[2].

En France, c'est la Révolution qui a donné son impulsion à l'instruction publique et l'a promue au rang des premiers devoirs de la société, là où autrefois le courage et l'élégance suffisaient, il est apparu qu'il fallait des têtes capables d'application intellectuelle, et là où les traditions de famille, les corporations, se satisfaisaient de l'ignorance des masses, il est apparu que l'instruction était nécessaire à la force des nations. C'est à l'Etat que l'on a confié les institutions nécessaires à la science et à l'enseignement : les créer, leur donner les moyens de fonctionner, les protéger contre les pressions de la société civile et de l'Eglise. Cette construction éducative s'appuie sur une idée claire et générale, celle développée par Montesquieu, et lie le ressort de la démocratie, qui est la vertu, à l'amour des lois, et qui définit le seul moyen de permettre à ce ressort de donner son effet, qui est la généralisation de l'instruction.

De même, il existe en Allemagne (tout au moins en Prusse) un grand projet : l'esprit de la recherche, le labeur indispensable à l'acquisition de la grande culture et une foi dans le travail intellectuel, projet hérité des philosophes et des écrivains, de Goethe, de Kant, de Schiller et de Heine.

---

1. — En français dans *The Popular Education of France*, 1863, ouvrage dans lequel Arnold utilise déjà cette citation.
2. — Ernest Renan, « La part de la famille et de l'Etat dans l'éducation », *La Réforme intellectuelle et morale*, p. 27.

Certes, l'idée de nation est neuve en Allemagne. Elle date de la Révolution française, qui la lui a apportée. Elle n'a pas eu d'Etat national centralisé comme en France depuis des siècles, mais elle a nourri ses institutions elle aussi à la philosophie du XVIIIe siècle, qui voyait dans la Révolution le progrès en marche. Goethe à Valmy ne s'était-il pas écrié : « De ce lieu et de ce jour, date une nouvelle époque de l'histoire du monde » ?

Dans ces deux pays, pourtant si différents historiquement, quant à leur religion et leur constitution, la foi en la nécessité de fonder l'éducation sur des idées fortes et claires, « *[on] the intelligible law of things* » (*CA* 184), est commune.

Les enquêtes d'Arnold sur le continent l'ont convaincu de cette communauté d'esprit. Cependant, il faudra attendre la publication de la loi anglaise sur l'éducation en 1870 pour qu'il ressente la nécessité de préciser à l'occasion de la publication en 1875 d'une édition révisée de *Culture and Anarchy*, l'idée déjà contenue dans la conclusion de l'édition originale de 1869, selon laquelle il faut éviter de se perdre dans les détails pratiques et « mécaniques » et plutôt s'occuper avec clarté des principes directeurs qui, une fois trouvés, règleront les détails d'eux-même (*CA* 184-5).

Il illustre et développe cette proposition de la manière suivante :

> ...*if we see that any German or Swiss or French Law for education rests on very clear ideas about the citizen's claim, in this matter, upon the State, and the State's duty towards the citizen, but has its mechanical details comparatively few and simple, while an English law for the same concern is ruled by no clear idea about the citizen's claim and the State's duty, but has, in compensation, a mass of minute mechanical details about the number of members on a school-committee, and how many shall be summoned and how often they shall meet, —then we must conclude that our nation stands in more need of clear ideas on the main matter than of laboured details about the accessories of the matter.*[3]

---

3. — *Culture and Anarchy*, edit. by Dover Wilson, Cambridge, Cambridge University Press, 1935, p. 209.

L'Angleterre, en ne se préoccupant que de la mise au point des détails, oublie la maxime de Goethe selon laquelle : « *to act is easy, to think is hard* » (*CA* 184). Elle suit un courant secondaire qui l'éloigne du courant central du progrès humain dont le but est la connaissance générale : « *...knowing himself and the world, seeing things as they are, spontaneity of consciousness...* » (*CA* 137).

Cependant, aux yeux de Matthew Arnold, il y a un pays qui se trompe davantage encore que l'Angleterre, c'est l'Amérique (on notera qu'Arnold n'utilise jamais le terme Etats-Unis). Il nous faut pour en comprendre la raison nous souvenir que l'Amérique est tenue par les libéraux pour la terre par excellence de la liberté religieuse, celle où les *Dissenters* émigrés ou non, peuvent développer leur culte en dehors de toute influence de l'Etat et de toute « église établie ».

Un ardent partisan de l'utilitarisme tel le député John Bright ne considère-t-il pas que cette liberté des communautés religieuses, cette capacité qui est donnée à chacun de lire et d'interpréter les Ecritures apporte une contribution essentielle à l'élargissement des connaissances ?

> *I believe the people of the United States have offered the world more valuable information during the last forty years, than all Europe put together.* (*CA* 197)

a-t-il déclaré dans un discours prononcé à Birmingham en 1868. Il chante ainsi les mérites d'un enseignement utilitaire, qui s'est sans doute révélé nécessaire à la survie et au développement de la société américaine. Une société au sein de laquelle Ezra Cornell fondait une université dans le but initial de promouvoir l'étude de l'agronomie et de la technologie...

On voit là encore le rôle que Matthew Arnold attribue à l'éducation et à l'irréductible opposition entre culture et utilitarisme.

> *Just as the free churches of Mr Beecher or Brother Noyes, with their provincialism and want of centrality, make mere Hebraisers in religion, and not perfect men, so the university of Mr Ezra Cornell, a really noble monument of his munificence,*

> *yet seems to rest on a misconception of what culture truly is,*
> *and to be calculated to produce miners, or engineers, or*
> *architects, not sweetness and light.* (*CA* 200)

Pour Matthew Arnold, l'Amérique est en effet entièrement composée de Philistins, cette classe moyenne à l'esprit
fermé, qui ne fonde sa culture que sur une lecture étroite de
la Bible :

> *From Maine to Florida, and back again, all America Hebraises.*
> (*CA* 199)

L'Amérique est une caricature de l'Angleterre où tout
est nivellé, placé sur un même plan, où toute supériorité spirituelle des uns par rapport aux autres est niée, où les valeurs
intellectuelles n'ont plus cours, où n'importe quel prêcheur
peut imposer ses croyances, n'importe qui peut fonder une université et la dévoyer de son but principal qui est la culture et
la patience méthodique dans le travail intellectuel. Il cite à ce
propos Renan :

> Les pays qui, comme les Etats-Unis, ont créé un enseignement
> populaire considérable sans instruction supérieure sérieuse,
> expieront longtemps encore cette faute par leur médiocrité
> intellectuelle, leur grossièreté de mœurs, leur esprit superficiel,
> leur manque d'intelligence générale. (Note en français. *CA*
> 197)

Tout comme Ernest Renan, Arnold est convaincu que les
peuples ne peuvent survivre sans projet intellectuel et moral et
que le salut d'un pays ne viendra jamais de la politique. Or, en
Amérique, « *...all classes read their newspaper, and take a*
commendable interest in politics, more than here or anywhere
else in Europe » (*CA* 198).

Et tout comme Ernest Renan, Arnold pense que « rien
n'est pire qu'un état de société où la richesse est le nerf principal des choses »[4].

---

4. — Ernest Renan, *L'Avenir de la science*, Paris, 1848-1888, p. 66.

Or, l'Amérique qui est pourvue d'une classe moyenne plus vive encore que l'Angleterre, ne croit qu'en la puissance de l'argent.

L'absence de sympathie de Matthew Arnold pour les Etats-Unis est tel qu'il prendra parti assez clairement pour le Sud lors de guerre de Sécession[5] et qu'il souhaitera pour les Américains du Nord « *a moral lesson* ».

Dans *A French Eton*, écrit pendant la troisième année de guerre, il considèrera que pour ceux qui en Amérique sont amoureux de la perfection, ce conflit avait sa nécessité quel qu'ait été le coût des souffrances humaines : « *in the furnace of civil war* » la nation américaine s'était finalement purifiée et s'était coulée, tel du métal en fusion, en un alliage meilleur — « *something higher, ampler, more gracious* ».

En dépit de cette purification, Matthew Arnold conti- nuera à considérer que l'Amérique, avec la Russie, est l'en- droit au monde dans lequel il est inconcevable de vivre.

---

5. — Voir Sidney Coulling, « Matthew Arnold and the American South », in *Matthew Arnold in His Time and Ours: Centenary Essays, op. cit.*, p. 40.

Chapitre VIII
La rhétorique de Matthew Arnold ou « *Culture and Anarchy* », mode d'emploi

En tant que critique de la société britannique, en tant que polémiste, Matthew Arnold écrit pour convaincre son lecteur — et pour cela, il sait qu'il lui faut recourir à certains procédés. Il s'en ouvre dans une de ses lettres :

> *It is very animating to think that one at last has a chance of getting at the English public... Partly nature, partly time and study, have also by this time taught me thoroughly the precious truth that everything turns upon one's exercising the power of persuasion, of* charch.[1]

Arnold n'a pas ménagé les moyens pour arriver à ses fins. Ainsi qu'il l'écrit à sa mère quelques mois après la parution du texte « *Culture and its enemies* », il fait appel à l'ironie, qu'il définit en ces termes : « *saying less than one means* ».

La rhétorique de Matthew Arnold possède par ailleurs une qualité spécifique qui résulte du mode de publication de *Culture and Anarchy* : une conférence et cinq essais publiés dans *The Cornhill Magazine* sur une période de plus d'un an, puis réunis sous forme de livre avec une préface. Chacune de ces parutions est l'occasion de réagir ou de répondre aux critiques suscitées par la parution ou les parutions précédentes. L'œuvre prend ainsi un ton que Collini qualifie de « *occasional, topical, controversial* »[2].

C'est là en effet l'une des caractéristiques les plus fortes de l'œuvre que ce ton de conversation avec le lecteur qui sied si bien à la polémique.

---

1. — *The Letters of Matthew Arnold*, *op. cit.*, volume one, p. 233-34.
2. — Stefan Collini, *op. cit.*, p. 1.

Cependant, il est clair que le Matthew Arnold qui dialogue avec le lecteur, qui se met souvent en scène, et se met en cause, qui interpelle les personnalités avec lesquelles il engage une controverse, est une *persona* que Matthew Arnold crée à partir de lui-même, mais qui ne doit pas être confondu avec l'auteur. Ils ont beaucoup de traits en commun, mais les critiques débattent encore aujourd'hui pour savoir à quel point les deux images coïncident.

Matthew Arnold a dû prendre un plaisir certain à élaborer ce masque qui lui ressemble et qui n'est pas lui. Nous avons vu comme il avait bâti un personnage public de dandy superficiel dans ses années de jeunesse, comment il s'en servait comme d'une cuirasse, ce dont se plaignaient ses amis, en particulier Arthur Clough. L'auteur des poèmes graves et nostalgiques de *The Strayed Reveller* avait ainsi mûri à l'abri de ce masque, pour surprendre son entourage à la parution de ce recueil de poésie.

Quels éléments composent le masque de Matthew Arnold dans *Culture and Anarchy* ? Nous avons vu à quel point il est près de la nature. Un lecteur peut sans peine le confondre avec le vrai visage de l'auteur car il emprunte à Arnold son identité littéraire et sociale. L'homme qui « parle » dans ces lignes est bien le fils du Dr Thomas Arnold, est bien l'expert en éducation qui a voyagé abondamment sur le continent, est bien l'homme de lettres et le polémiste que tout le monde connaît — et jusque dans sa manière ironique on reconnaît la tournure d'esprit du chahuteur, du plaisantin qu'Arnold a aimé être en privé.

Quand on le lit, on imagine un homme plutôt jovial et débonnaire qui appelle presque toujours son adversaire « mon ami », « *in my friend's case* »[3], « *my Liberal friends* »... Là commence la *persona*. Non pas qu'il soit invraisemblable qu'Arnold ait été un aimable rhéteur, mais parce que ce charme qu'il déploie fait partie de sa tactique, qui consiste à provoquer la complicité du lecteur. Collini décrit le procédé :

3. — Stefan Collini, *op. cit.*, p. 112.

> *The whole effect depends upon creating a sense of intimacy*
> *with the reader, who is drawn to collude in the playfulness.*[4]

Le risque d'une telle méthode est de rallier essentiellement les lecteurs convaincus d'avance, tout en laissant dans l'opposition les lecteurs qui, du fait même de leur opinion, seront peu sensibles aux « effets de charme » de l'auteur.

Mais nous voyons qu'il s'agit là d'un genre littéraire où les procédés, les figures de style, les modalisations ou les processus polémiques relèvent d'une typologie bien connue. La véritable nature des arguments développés par Arnold est à peine dissociable des intentions de l'auteur et, pas plus qu'ils ne peuvent être abstraits du contexte de l'histoire des idées et de la société dans lequel ils ont pris naissance, ils ne peuvent être bien appréciés sans une prise en compte des procédés rhétoriques auxquels Arnold était à l'évidence rompu et qui placent *Culture and Anarchy* dans le cadre d'une convention polémique à laquelle adhèrent au moins implicitement l'auteur et le public auquel il s'adresse et quelquefois répond.

Nous voici donc situés dans le cadre d'un dialogue. Cette caractéristique n'est pas seulement la conséquence du mode de publication du livre, c'est aussi l'un des traits du discours polémique.

Dans le discours polémique, il y a, comme le fait remarquer Marc Augenot, une forte connotation du *style oral*, à la fois dans la répétition et dans l'emphase »[5]. Marc Augenot ajoute :

> La parole publique, celle de l'éloquence judiciaire et de l'éloquence parlementaire, conservent dans l'idéologie française une exceptionnelle valorisation (le polémiste anglo-saxon, lui, retrouve presque toujours le rythme biblique du prédicateur de la *Sunday School*, autre modèle culturel).[6]

---

4. — Stefan Collini, *Arnold, op. cit.*, p. 12.
5. — Marc Augenot, *La Parole pamphlétaire, Contribution à la typologie des discours modernes*, Paris, Payot, 1982, p. 239.
6. — *Ibidem.*

Cette dernière remarque nous ramène au thème le plus fréquent, en fait presque toujours sous-jacent, de la polémique arnoldienne.

L'intention critique d'Arnold l'amène à recourir à un certain nombre de méthodes et de procédés afin de convaincre son lecteur au cours d'une conversation dans laquelle l'auteur — ou sa *persona* — s'engage sans réserve. Or cet engagement, en dépit de l'équanimité apparente du ton, enlève à la conversation le caractère d'un véritable échange d'idées. En effet, un tel échange supposerait que soit posé en prémisse « l'égalité des valeurs échangées »[7]. On peut penser que le procédé de Matthew Arnold « se voue à une dénonciation, elle-même rhétorique, de ce savoir-vivre du dialogue »[8].

La coloration pamphlétaire de *Culture and Anarchy* doit être soulignée. Cet aspect explique en partie le paradoxe arnoldien qui, en divisant la société anglaise toute entière entre Barbares, Philistins et Plèbe, ne laisse guère la place à la « juste raison », et ne reconnaît donc à la culture, dont le rôle essentiel est pourtant démontré, que l'effet d'inspirer une infime minorité d'étrangers (*aliens*). S'il s'agit d'une attitude rhétorique, il reste l'espoir de rencontrer dans la vie réelle de la société anglaise des individus et des groupes inspirés par la recherche de la perfection au point d'imprimer au monde où ils vivent les marques du progrès selon Arnold.

C'est ce dialogisme rhétorique qui confère à *Culture and Anarchy* son caractère pamphlétaire. On y rencontre tous ces interlocuteurs que Lainier de Verton appelle dans son *Traité des Anti* (1689) « les entreparleurs ». Comme on entend la voix, évidemment dominante et directrice, de la *persona* énonciatrice, celle-ci s'entrecroise avec celle de l'adversaire (ou *des* adversaires) et celles de tous les témoins appelés à soutenir la thèse d'Arnold ou à mettre en lumière les aspects ridicules ou réducteurs de ses ennemis. Même dans le cas des citations directes, toutes ces voix sont marquées par celle d'Arnold, et n'ont d'existence qu'au sein de la démonstration qu'il administre. John Bright, Frederic Harrison ou l'évêque Wilson n'ont

7. — *Ibidem.*
8. — *Ibidem.*

ainsi d'importance que sous les traits que leur prête Arnold et il n'est pas étonnant à cet égard que certains lecteurs aient pu croire, ainsi qu'Arnold le rapporte dans sa préface (*CA* 188), que l'évêque Wilson, éminent prélat anglican du XVIIIe siècle, auteur notamment des *Maxims of Piety and Christianity*, était un personnage fictif inventé par l'auteur.

Voyons quelques exemples de ce que Stefan Collini appelle « *the engaging conversational presence of the author* ».

La préface de *Culture and Anarchy* est sans doute l'une des parties les plus imprégnées d'ironie de tout le livre et celle où Arnold attaque de la façon la plus impitoyable les membres des « églises dissidentes ». Il prétend cependant se défendre de la moindre intention belliqueuse :

> *Certainly we are no enemies of the Nonconformists; for, on the contrary, what we aim at is their perfection.* (*CA* 192)

On voit bien l'ironie de cette affirmation qui, à l'intérieur d'une seule phrase, énonce une intention louable et une attaque insidieuse. La concession introduite dans la phrase suivante va préciser cette attaque en termes toujours aussi courtois mais qui, après avoir chargé la culture de toutes les perfections (*true human perfection,* harmonious *perfection,* general *perfection*), débouche sur un emploi à double sens de la thèse de la prédestination d'un petit nombre d'élus pour laisser entendre que trop peu d'hommes atteignent cette perfection (« *the fewer there are that follow the true way of salvation, the harder that way is to find* ») (*CA* 192).

Arnold renforce encore son effet : il décrit les descendants des puritains comme le sel de la société anglaise (« *[they] make a large part of what is strongest and most serious in this nation* » [*CA* 192]) marchant à la lueur de « *the best light they have* », puis feint de s'inquiéter parce qu'ils n'ont pas pris soin de s'assurer que « *that light be not darkness* » (*CA* 193).

Arnold laisse ses adversaires gisant comme des « hommes incomplets et mutilés ». En bon samaritain, il conclut que vouloir leur apporter la douceur et la lumière « *is certainly not to be the enemy of the Nonconformists* » (*CA* 193). En effet, comment être l'ennemi de gens aussi pitoyables ?

Les procédés rhétoriques utilisés ne se limitent pas à ceux du seul dialogisme. Nous constatons qu'Arnold a également recours à des figures d'assertion, telle la protestation de bonne foi lorsqu'il affirme ne pas être hostile aux non-conformistes. C'est encore un procédé d'assertion (l'accumulation) qui lance Arnold dans une liste des traits de la culture. Ce procédé se renforce d'un effet de synecdoque par la charge en connotations positives préparant une figure d'agression qui se manifeste, presque en passant, par un autre type de connotation : on rappelle que les non-conformistes sont les représentants des puritains — substituant ainsi à un mot dont le sens général est plutôt associé à la liberté d'esprit et de pensée, au refus de la norme officielle, un mot associé à la rigueur morale étroite, aux excès des partisans de Cromwell et au passé.

On trouve ensuite une figure équivoque sous la forme de ce qui pourrait presque passer pour un bon mot : « *Walking [...] by the best light they have* » (*CA* 193). Si l'on s'arrêtait au mot « *light* », l'assertion serait résolument positive — la subordonnée « *they have* » réduit considérablement la qualité de la lumière en l'enfermant dans l'univers relatif des puritains — le lecteur arnoldien pensera en lui-même « et nous savons que ce n'est pas grand chose ».

Arnold se réfère également à deux arguments amplement développés dans *Culture and Anarchy*, l'hébraïsme et l'hellénisme, mais ces deux notions relèvent pour lui du mythologisme.

L'effet de reflux (ou rétroaction) annoncé par l'emploi de « *yet* » (*CA* 192) s'accélère ensuite, se renforce à nouveau d'un effet de synecdoque polémique par l'accumulation de connotations cette fois négatives, amplifiant l'impression créée par « *incomplete and mutilated men* » : « *failing short, they fail, out of our reach, confusion, perplexity, labours* » (*CA* 193). Il y a un effet d'assertion avec « *the confusion and perplexity in which our society labours is increased by the Nonconformists rather than diminished by them* » et cette fois la deuxième mention de « *the best light they have* » n'est plus du tout équivoque. L'ultime assertion, reprenant la phrase du début, « *to seek this is certainly not to be the enemy of Nonconformists* » (*CA* 193), est cumulative plutôt que répétitive, et l'aboutissement de la « démonstration rhétorique » lui donne valeur de sarcasme : vouloir corriger ces gens si profondément enfoncés dans l'erreur est en effet « charitable ».

C'est ce genre de sarcasme que G.K. Chesterton doit avoir à l'esprit lorsqu'il décrit l'attitude rhétorique d'Arnold comme une bienveillance de surface correspondant à une agression dissimulée : Arnold arborait « *a smile of heart-broken forbearance, or of a teacher in an idiot-school, that was enormously insulting* »[9]. Arnold utilise pratiquement toutes les figures de rhétorique. Dans le chapitre *Porro Unum Est Necessarium*, il commence par demander « *well, then, what is the good of now rehearsing the praises of fire and strength to ourselves who dwell too exclusively on them already?* » pour conclure neuf questions plus tard « *or that Mr Murphy, the Birmingham lecturer, and his friends, need [fire and strength] more?* » (*CA* 141). Cette série de questions rhétoriques utilise l'association comique — puisque l'on passe de l'évocation de l'Empire romain, de Léon X, de la société française sous la Révolution, des conquêtes barbares, des puritains, à celle de Monsieur Murphy, prédicateur antipapiste fanatique, qui se voit ainsi associé à une série de grands bouleversements — notamment aux barbares détruisant l'Empire romain et aux puritains détruisant un autre empire de Rome — et distingué par l'article défini : « *the Birmingham lecturer* », comme on dirait « le patriarche de Ferney » ou « le bourreau de Béthune ».

Arnold utilise toutes les ressources de telles associations, ridiculisant son vieil adversaire Roebuck par une comparaison écrasante avec Goethe. Il utilise par ailleurs l'amphigourie lexicale pour réduire la stature des personnages, comme lorsque, parlant des plus ignorants des puritains, qui ne savent lire que la Bible, il dit : « *they make all manner of great discoveries there* ».

Il fait ample usage d'une figure de métalogisme appelés *chleuasme* (plaidoyer en forme de confession) et qui consiste pour l'énonciateur à s'autoflageller, à réduire ses propres

---

9. — Stefan Collini, *Arnold, op. cit.*, p. 10.

qualités et à se taxer de sottise, d'aveuglement ou d'ignorance afin de mobiliser la sympathie du lecteur *contre* cette idée qu'il prétend avoir mal comprise ou cette « vérité » qu'il n'est pas en mesure d'apprécier. Plus généralement, Arnold fait souvent des concessions, réelles ou rhétoriques, reconnaissant les mérites ou les difficultés de ses adversaires. Il pratique la *prétérition* qui consiste à attirer l'attention du lecteur sur un travers de l'adversaire en prétendant ne pas s'y arrêter.

Il use fréquemment aussi de la démonstration logique comme dans *Sweetness and Light* ou après un long paragraphe comparant « *doing* » et « *thinking* » il conclut : « *acting and instituting are of little use, unless we know how and what we ought to act and to institute* » (*CA* 66).

Arnold, dont la rhétorique est le plus souvent « *an insider's rhetoric* »[10], c'est-à-dire fondée sur une connaissance du sujet et de son adversaire de l'intérieur peut aussi développer une rhétorique positive dans laquelle nous retiendrons essentiellement deux attitudes :

La première est sans doute la place accordée aux mots « *poise* » ou « *balance* » auxquels s'opposent toutes ces notions qu'il réprouve ou dédaigne, de partialité, sectarisme, exclusion ou impétuosité — cette attitude correspond à la qualité fondamentale que la culture prête au regard de l'esprit, celle d'être capable « *to see an object as in itself it really is* » et qu'il appelle « *disinterestedness* ».

L'autre, qui mène tout droit à la tolérance, est de considérer que le contenu des opinions d'un auteur est moins important que l'esprit dans lequel il professe ses opinions.

Matthew Arnold a donc mis en scène ses idées. Sa critique de la société, et de l'âme humaine, est exprimée à l'aide d'une rhétorique qui cherche à convaincre et à persuader sans doute, et plus encore à charmer.

Par son ironie, il évoque encore une fois les écrits d'un Jonathan Swift un siècle plus tôt. Mais avec au moins une importante différence — Arnold a emprunté à Swift l'expres-

---

10. — Stefan Collini, *Arnold*, *op. cit.*, p. 6.

sion « *sweetness and light* » — il n'aurait pu lui emprunter, même dans le feu de la démonstration ou de l'argumentation, la définition désespérée que donne Swift d'un homme heureux : « *a fool among knaves* ».

Dans un essai intitulé *Sweetness and Lightness*, Robert H. Super trouve dans Arnold des qualités que l'abondance de références à des personnages et des événements souvent oubliés ne nous préparait peut-être pas à attendre :

> It is not the least of his virtues that he shows us, a hundred
> years after his death, how to read our newspapers, how to
> listen to our politicians.[11]

Un tel paradoxe semble contredire le jugement de Collini selon lequel la prose d'Arnold est, comme nous l'avons dit, « *occasional, topical, controversial* » à moins de voir dans cet adjectif « *topical* » ce qu'y voit Robert H. Super lorsqu'il écrit :

« *There is the same topicality about much of his writing that there is in the poetry of Pope and Dryden* », et cette cohérence trouve en grande partie sa source dans la vigueur de la création rhétorique.

---

11. — Robert H. Super, in *Matthew Arnold in His Time and Ours: Centenary Essays*, ed. Clinton Machann and Forrest D. Burt, Charlottesville, University Press of Virginia, 1988.

Conclusion

Comme nous l'avons vu, Matthew Arnold n'a pas toujours emporté l'adhésion de ses contemporains. Néanmoins, la qualité de l'œuvre polémique qu'il a laissée lui a conféré la position d'un auteur classique, comme le montre le fait qu'il soit constamment réédité.

Culture and Anarchy représente par certains côtés une source et une synthèse des théories critiques de Matthew Arnold, puisqu'il y aborde les thèmes les plus importants de la controverse victorienne, à savoir la religion, l'éducation, la structure sociale et les institutions politiques.

Dès les années soixante, la stature d'homme de lettres de Matthew Arnold est telle que l'on guette ses publications, ses articles, ses conférences avec ce qu'il appelle lui-même « *a hungry look* », qu'on en débat dans les salons, ainsi que dans les milieux politiques, religieux et universitaires.

Il a, estime Henry James, changé l'atmosphère du monde anglo-saxon :

> *It seems to me enough to ask oneself what we should have done without him, to think how much we should have missed him, and how he has salted and seasoned our public conversation. In his absence the whole tone of discussion would have seemed more stupid, more literal. Without his irony to play over its surface, to clip it and there of its occasional fustiness, the light of our Anglo-saxon race would present a much greater appearance of insensibility.*

Au début du XXᵉ siècle, alors qu'Arnold était encore dans le « purgatoire » qui suit traditionnellement le succès immédiatement posthume d'un auteur disparu, son influence se fit à nouveau sentir par la voix de ceux qui, dans les années vingt, voulaient régénérer la culture authentique face à l'agression de la « civilisation de masse ». C'est ainsi que parut en 1921 en Grande-Bretagne le rapport « Newbolt », document officiel sur l'enseignement de l'anglais. Ce rapport faisait explicitement référence à Matthew Arnold et encourageait l'introduction de son message dans les programmes scolaires et universitaires destinés aux nouvelles générations. A la même époque, un auteur comme F.R. Leavis (1895-1978) se réclamait lui aussi des théories d'Arnold, point de départ de toute son œuvre critique. Cette influence est sensible jusque dans des titres tels que *Culture and Environment*[1]. Pour Leavis, poussant ainsi à son extrême la catégorie des « aliens » arnoldiens, cette minorité qui échappe aux sentiments de classe, la société moderne rend pratiquement antithétiques les termes de « civilisation » et de « culture ». L'audience de F.R. Leavis fut considérable ; elle contribua à redonner à Arnold une place éminente dans les études critiques ainsi que le montrent la parution et le succès en 1932 de la ré-édition de *Culture and Anarchy* par Dover Wilson.

T.S. Eliot (1888-1965) alla chercher dans l'œuvre de Matthew Arnold l'inspiration de son premier grand volume critique *The Sacred Wood*, publié en 1920. Ainsi que le remarque Park Honan : « *Eliot's essays illustrate the Arnoldian message that style, tact as even beauty of expression are critical tools. He uses Arnold as a foil almost throughout* The Sacred Wood *and offers essays in the Arnoldian way as being specimens of examples of the critical act* »[2].

Quant à Lionel Trilling (1905-1975), l'un des plus connus des critiques américains libéraux du milieu du XXe siècle, dont l'œuvre est considérable, nous savons, de son propre aveu, l'importance qu'il accordait à la méthode de Matthew Arnold, auquel il a consacré son premier grand livre, *Matthew Arnold, Biography of a Mind*.

A côté de Lionel Trilling, il est intéressant de noter que l'œuvre de Matthew Arnold a également retenu l'attention d'un critique marxiste comme Raymond Williams (1921-1988). Il n'est pas étonnant qu'un écrivain qui s'efforce d'établir la relation entre littérature et société ait trouvé dans *Culture and Anarchy* une tradition de pensée qui lui était proche.

---

1. — F.R. Leavis, *Culture and Environment*, London, 1933.
2. — Park Honan, « Arnold, Eliot and Trilling », in *Matthew Arnold in His Time and Ours*, *op. cit.*, p. 175.

Naturellement, Raymond Williams refusera à certains moments de suivre Matthew Arnold et fustige les positions de celui-ci concernant la classe ouvrière. Cependant, il adhère parfaitement à tout ce que *Culture and Anarchy* a à dire sur les « idées reçues » concernant l'industrie et la production, ainsi que celles concernant la liberté individuelle. Il prête à Arnold une dimension quasi prophétique lorsqu'il écrit :

> *Arnold is a great and important figure in nineteenth century thought... We shall, if we are wise, continue to listen to him, and when the time comes to reply, we can hardly speak better than in his own best spirit.*[3]

---

3. — Raymond Williams, *op. cit.*, p. 136.

Bibliographie

Collini, Stefan (ed). *Culture and Anarchy and Other Writings.* Cambridge: Cambridge University Press, 1993.

Super, Robert H. (ed). *The Complete Prose Works of Matthew Arnold* (11 vol.). Ann Arbor: Michigan U.P., 1960-77.

I. — Œuvres de Matthew Arnold

Allott, Kenneth (ed). *Five uncollected Essays of Matthew Arnold.* Liverpool: University Press of Liverpool, 1953.

Allott, Miriam and Super, R.H. (eds). *Matthew Arnold: Selected Works.* Oxford: Oxford U.P., 1986.

Clinton, Machann and Burt, Forrest D. (eds). *1822-1888. Selected Letters of Matthew Arnold.* Basingstoke: Mac-Millan, 1993.

Keating, P.J. (ed). *Matthew Arnold: Selected Prose.* Harmondsworth: Penguin, 1970.

Lowry, Howard Foster (ed). *The Letters of Matthew Arnold to Arthur Clough.* Oxford, 1932.

Russel, George W. E. (ed). *The Letters of Matthew Arnold 1848-1888* (2 vol.). London: MacMillan, 1895.

Smith, Peter and Summerfield, Geoffrey (eds). "Matthew Arnold, 'The Twice Revised Code'," *Matthew Arnold and the Education of the New Order.* Cambridge: Cambridge U.P., 1969.

Whitridge, Arnold (ed). *Unpublished Letters of Matthew Arnold.* New Haven, 1923.

Wilson, Dover (ed). *Culture and Anarchy.* Cambridge: Cambridge U.P., 1935.

II. — Ouvrages critiques de l'œuvre de Matthew Arnold

ap. Roberts, Ruth. *Arnold and God*. Berkeley: University of California Press, 1983.

Alexander, Edward. *Matthew Arnold and John Stuart Mill*. New York, 1965.

Allott, Kenneth (ed). *Matthew Arnold*. London: Bell, 1975.

Allott, Miriam (ed). "Matthew Arnold 1988: A Centennial Review," *Essays and studies 1988*. Vol. 41 of the new series of *Essays and Studies* collected for the English Association. London: John Murray Ltd, 1988.

Anderson, Warren D. *Matthew Arnold and the Classical Tradition*. Ann Arbor: University Michigan Press, 1988.

Bloom, Harold (ed). *Matthew Arnold, Modern Critical Views*. Chelsea House Publishers (US), 1991.

Bryson, John (ed). *Arnold Matthew: Poetry and Prose*. London: Hart-Davis, 1967.

Bush, Douglas. *Matthew Arnold: a Survey of his Poetry and Prose*. London: MacMillan, 1971.

Carroll, Joseph. *The Cultural Theory of Matthew Arnold*. Berkeley: University of California Press, 1982.

Carroll, Joseph. *The Cultural History of Matthew Arnold*. Berkeley: University of California Press, 1983.

Chambers Kerchever, Edmund (ed). *Matthew Arnold: a Study*. Oxford: Clarendon Press, 1947.

Collini, Stefan. *Matthew Arnold: a Critical Portrait*. Oxford: Clarendon Press, 1994.

originally published as:
Collini, Stefan. *Arnold*. Oxford: Oxford U.P., 1988.

Connell, William Fraser. *Educational Thought and Influence of Matthew Arnold*. London: Greenwood Press, 1950.

Coulling, Sidney. *Matthew Arnold and his Critics: a Study of Arnold's Controversies*. Ohio: Athens U.P., 1974.

Dale, Peter Allan. *The Victorian Critic and the Idea of History: Carlyle, Arnold, Pater*. Harvard U.P., 1977.

Dawson, W.H. *Matthew Arnold and His Relation to the Thought of Our Time*. London, 1904.

DeLaura, David J. (ed). *Matthew Arnold: a Collection of Critical Essays*. Englewood Cliffs; London: Prentice Hall, 1973.

DeLaura, David J. *Hebrew and Hellene in Victorian England: Newman, Arnold, Pater*. Austin: University of Texas Press, 1969.

Fotch, J.C. *Thomas and Matthew Arnold and Their Influence on English Education*. London, 1897.

Giddings, Robert (ed). *Matthew Arnold: Between Two Worlds*. London: Vision Press, 1986.

Gottfried, Leon. *Matthew Arnold and the Romantics*. London: Routledge & Kegan Paul, 1963.

Harvey, Charles. *Matthew Arnold: A Critical View of the Victorian Period*. Shoe String Press, 1969.

Holloway, John. *The Victorian Sage: Studies in Argument*. London, 1953.

Honan, Park. *Matthew Arnold: a Life*. Harvard U.P., 1981.

Johnson, Wendell Stacy. *Voices of Matthew Arnold: An Essay in Criticism*. London: Greenwood Press.

Jump, John Davies. *Matthew Arnold*. London: Longmans, 1955.

Le Quesne, A.L. *Victorian Thinkers: Carlyle, Ruskin, Arnold, Morris*. Oxford: Oxford U.P., 1993.

Machann, Clinton & Burt, Forrest D. (eds). *Matthew Arnold in His Time and Ours* (Centenary Essays). Charlottesville: University Press of Virginia, 1988.

Madden, William A. *Matthew Arnold: A Study of the Aesthetic Temperament in Victorian England.* Bloomington: Indiana U.P., 1967.

Magoon, Joseph. *A Bibliography of the Editions of, and Writing about Matthew Arnold's Works from 1971 to 1985.* Bournemouth: Maggoon J., 1988.

Paul, Herbert Woodfield. *Matthew Arnold.* London: MacMillan, 1902.

Robbins, William. *The Ethical Idealism of Matthew Arnold: A Study of the Nature and Sources of his Moral Ideas.* Toronto, 1959.

Robbins, Williams. *The Ethical Idealism of Matthew Arnold.* Liverpool: University Press of Liverpool, 1953.

Rowse, A.L. *Matthew Arnold: Poet and Prophet.* London: Thames & Hudson, 1976.

Russell, George W. E. *Matthew Arnold.* London: Hodder & Stoughton, 1904.

Saintsbury, George. *Matthew Arnold.* London, 1899.

Super, R.H. *The True Spirit of Matthew Arnold.* Ann Arbor: Michigan U.P., 1970.

Tawney, R.H. *Equality.* London, 1931.

Trilling, Lionel. *Matthew Arnold.* Oxford: Oxford U.P., 1982 [1939].

Walcott, F.G. *The Origins of "Culture and Anarchy": Matthew Arnold and Popular Education in England.* Toronto, 1970.

Woolf, Leonard. *After the Deluge.* London, 1931.

III. — Ouvrages généraux

1. Ecrits contemporains

Anon. *The Servant Girl in London Showing the Dangers to Which Young Country Girls are exposed on their Arrival in Town.* Respectfully dedicated to all Heads of Families and Benevolent Societies. London, 1840.

Booth, Charles. *Life and Labour of the People of London* (17 vol.). London, 1902.

Burns, Jabez. *Retrospect of Forty Five Years Ministry.* London, 1875.

Butter, Henry. *What's the Harm of Fornication.* London, 1865, p. 5.

Cardinal, Newman John Henry. *Apologia Pro Vita Sua.* Boston: Houghton Mifflin Company, 1956 (1864).

Carlyle, Thomas. *On Heroes, Hero-worship and the Heroic in History.* 1841.

— *Past and Present.* London: Dent, 1960 (1843).

Dickens, Charles. *Our Mutual Friend.* London, 1864-65.

Dickens, Charles. *Bleak House.* Ed. vol. London, by George Ford and Sylvère Monod. New York, London: W.W. Norton & Company, 1977 (1853).

Engels, Friedrich. *On Britain.* Moscow, 1962.

— *The Condition of the Working Class in England.* London, 1845.

Greenwood, James. *In Strange Company.* London, 1873.

Halévy, Elie. *History of the English People in the 19th Century* (6 vol.). London: Benn, 1948.

Hollinghead, John. *Ragged London in 1861.* London, 1861.

Logan, William. *An Exposure from Personal Observations of Female Prostitution in London, and Rochdale, and especially in the City of Glasgow*. Glasgow, 1843.

Mayhew, Henry. *London Labour and the London Poor* (4 vol.). New York: Dover Publications, 1968 [1861-62].

Mill, John Stuart. *The Subjection of Women*. London, 1869.

— *Principes d'économie politique*. Trad. franç., 1873, tome II.

Renan, Ernest. *L'Avenir de la science*. Paris, 1848-1888.

Sala, G.A. *Gaslight and Daylight, With Some London Scenes they Shine Upon*. London, 1859.

Simon, John. *Sanitary Conditions of the City of London*. London, 1854.

Sims, George R. *How the Poor Live*. London, 1883, p. 63.

Taylor, William J. *The Story of the Homes, Origins, Development and Work for 50 years*. London, 1907.

The Christian Mission Magazine. London, 1867.

The Nonconformist Newspaper. Dec. 13th and 1865. London: Arthur Miall.

Vanderkiste, R.W. *Notes and Narratives of a Six Years' Mission Principally Amongst the Dens of London*. 1852.

Weylland, Matthias. *Fifty Years Ago*. London, 1888.

Wright, Thomas. *Some Habits and Customs of the Working Classes*. London, 1858.

— *Johny Robinson* (2 vol.). London, 1868.

— *The Great Unwashed*. London, 1868.

— *The Bane of Life*. London, 1870.

— *Our New Masters*. London, 1873.

Young, G.M. *Portrait of an Age*. Oxford: Oxford U.P., 1983 (1931).

2. Sources secondaires

Augenot, Marc. *La Parole pamphlétaire, Contribution à la typologie des discours modernes.* Paris: Payot, 1982.

Bédarida, François. *La Société anglaise, 1851-1975.* Paris: Librairie Arthaud, 1976.

Bellamy, Richard (ed). *Victorian Liberalism: Nineteenth Century Political Thought and Practice.* London: Routledge, 1989.

Barret-Ducrocq, Françoise. *Love in the Time of Victoria.* New York: Penguin, 1993.

— *Pauvreté, charité et morale à Londres au XIXe siècle.* Paris: P.U.F., 1991.

Briggs, Asa. *Victorian People: a Reassessment of Persons and Themes, 1851-67.* Harmondsworth: Penguin, 1965.

Burnham, R. Peter. "Culture and Anarchy as a Platonic Solution to a Victorian Dilemna," *Arnoldian.* Vol. 8, n° 2, 1981.

Collini, Stefan. *Public Moralists: Political Thought and Intellectual Life in Britain 1850-1930.* Oxford: Clarendon, 1994 (1991).

DeLaura, David J. (ed). *Victorian Prose: A Guide to Research.* New York, 1973.

Foucault, Michel. *L'Usage des plaisirs.* Paris: Gallimard, 1984.

Fraser, Neimann. *Matthew Arnold.* New York, 1968.

Gordon, Jan. "Matthew Arnold and the Castration of Culture," *Papers of the Midwest MLA.* N° 2, 1972.

Harris, Mendell V. "Interpretive Historicism: 'Signs of the Times' and 'Culture and Anarchy' in their contents," *Nineteenth Century Literature* (Berkeley Calif.). Vol. 44, n° 4, 1990.

Harvie, Christopher. *The Lights of Liberalism: Academic Liberals and the Challenge of Democracy 1860-1866.* London, 1976.

Heyck, T.W. *The Transformation of Intellectual Life in Victorian England.* Beckenham, 1982.

Houghton, Walter E. *The Victorian Frame of Mind, 1830-1870.* Yale U.P., 1957.

Jenkyns, Richard. *The Victorians and Ancient Greece.* Harvard U.P., 1978.

Jordan, W.K. *Philanthropy in England, 1480-1660.* New York, 1959.

Kent, Christopher. *Brains and Numbers: Elitism, Comtism, and Democracy in Mid-Victorian England.* Toronto, 1978.

Leavis, F.R. *Culture and Environment.* London, 1933.

McCarthy, Patrick J. "Reading Victorian Prose: Arnold's 'Culture and its Enemies'," *University of Toronto Q.* N° 40, 1971.

McLeod, Hugh. *Class and Religion in the Late Victorian City.* London: Croom Helm, 1974.

Owen, David. *English Philanthropy 1660-1960.* London: Oxford U.P., 1965.

Pico della Mirandola, Giovanni. *De dignitate hominis.* Paris: P.U.F., 1993.

Rogers, Katherine M. "The context of Arnold's plea for birth control in 'Culture and Anarchy'," *Dalhousie Review.* N° 51, 1972.

Stratchey, Lytton. *Eminent Victorians.* Chatto and Winders, London, 1918.

Swift, Jonathan. *The Battle of the Books.* London, 1687.

Trevelyan, G.M. *Life of John Bright.*

Warren, D. Anderson. *Matthew Arnold and the Classical Tradition*. Ann Arbor, 1965.

Weber, Max. *The Protestant Ethic and the Spirit of Capitalism*. London: Unwin University Books, 1968 [1930].

Williams, Raymond. *Culture and Society 1780-1950*. Penguin, 1961 (1958).

Jankélévitch, Vladimir. *Traité des Vertus*. Paris: Bordas, 1949.

Achevé d'imprimer le 13 novembre 1995
sur les presses de Dominique Guéniot
imprimeur à Langres

Dépôt légal : novembre 1995 - N° d'imprimeur : 2554